AF425074

Josip Lončar

Sveta Misa
Najsvetiji događaj na svijetu

2024. g.

SADRŽAJ

Euharistija
— oporučna Isusova
ostavština

Predgovor drugome izdanju

Usrpnju ove godine (2019.) dobio sam u ruke knjigu *Sveta Misa. Najvažnija stvar na svijetu* autora Josipa Lončara, da napišem koju riječ za drugo izdanje. Na samom početku knjige stoji autorova zahvala svima koji su ga podržali u pripremanju i izdavanju ove knjige. Kada sam pročitao podršku njegovih biskupa da nastavi rasti u ljubavi prema Bogu, Crkvi i čovjeku, odmah sam i sâm htio biti dionik te podrške.

Raduje me da jedan laik piše o Euharistiji s toliko ljubavi te želi poticati vjernike da znaju vrednovati i živjeti od najsvetije stvarnosti na zemlji.

Isus, prije nego što je pošao prikazati krvnu žrtvu na Kalvariji, ustanovio je istu žrtvu na nekrvni način i nama je ostavio uz riječi „ovo činite meni na spomen". Autor se u svojim razmišljanjima u knjizi služi *Svetim pismom*, *Katekizmom Katoličke Crkve* i drugim crkvenim dokumentima kako bi svakom vjerniku pomogao prepoznati svetost čina. Kako bismo upoznali, doživjeli i živjeli taj najsvetiji dar na zemlji, valja se na to pripraviti. Dobro pripravljena duša može doživjeti svetost čina i s tog svetog čina ponijeti obilate plodove. Na ovoj Zemlji nemamo svetijeg događaja od slavlja Euharistije, koja je izvor i uvir izgradnje osobnog života kao i života zajednice.

I mi ljudi kada se prije smrti opraštamo od svojih najmilijih, ostavljamo u baštinu bilo riječi ili neki spomen kako bismo po tome „nastavili biti prisutni sa svojima". Ovdje je Isus htio biti i ostati sa svojima za koje je trpio, umro i uskrsnuo i zato je ustanovio taj divni dar u kojem trajno ostaje s nama i uprisutnjuje svoje djelo otkupljenja i spasenja. Autor kroz svoja razmišljanja želi pomoći da se vjernici suoče s tim darom. Prvo da upoznaju te onda prakticiraju i žive od tog najsvetijeg čina u kojem se susreću naša smrtna osoba i besmrtni Otkupitelj.

Zahvaljujem na ovom nastojanju da, što bližim rječnikom, pomogne ljudima upoznati Euharistiju, zavoljeti ju i živjeti taj divni Dar neba na ovoj Zemlji. Neka nas Uskrsli koji živi u Euharistiji oživi životom vjere dok hodimo, dok ne postignemo Njegovo obećanje da „tko god njega blaguje neće umrijeti nikada".

Sarajevo, na blagdan bl. Miroslava Bulešića
Vinko kardinal Puljić, nadbiskup metropolit vrhbosanski

Zašto ova knjiga

Ovu sam knjigu odlučio napisati prvenstveno zato što o Svetoj Misi volim govoriti i pisati, zato što sam duboko uvjeren da je Euharistija 'najsvetiji događaj na svijetu' te na koncu zato što mislim da o njoj premalo govorimo i još manje svjedočimo.

Ova je knjiga namijenjena osobito onima kojima Sveta Misa, iz bilo kojeg razloga, još nije postala duboka nutarnja potreba, istinsko duhovno iskustvo, istinski izvor i središte duhovnosti. U knjizi sam se potrudio iznijeti svoja iskustva koja sam godinama stjecao proučavanjem i razmatranjem knjigâ i dokumenata koji se bave liturgijom i iskustva koja sam stekao tijekom mnogih godina sudjelovanja u Svetoj Misi.

Ako se potrudimo, naći ćemo crkvene dokumente koji navode *što* moramo činiti kako bismo u Svetoj Misi sudjelovali djelatno i plodonosno, no ti isti dokumenti gotovo uopće ne spominju *kako* to trebamo činiti.

Tako, primjerice, navode da se za Misu *moramo* pripremiti ako u njoj želimo sudjelovati *djelatno i plodotvorno*, ali ne navode na koji način; navode da je *nužno pamet uskladiti s glasom i surađivati s višnjom milošću,* no ne i kako to činiti;

navode da *o našoj osobnoj raspoloživosti ovisi koliko i što ćemo na Misi primiti*, no nije lako pronaći da negdje piše kako da tu raspoloživost postignemo...

Dakle, prilično je teško pronaći literaturu koja daje zadovoljavajuće odgovore na pitanje „kako" da nešto učinimo.

U knjizi se usredotočujem na otkupiteljsku žrtvu, u kojoj na Misi sudjelujemo, jer smatram da se o toj tako važnoj temi nedovoljno govori.

Isus Krist je u svojoj muci sudjelovao potpuno: svim srcem, svom dušom, svom svojom tjelesnom, mentalnom i duhovnom snagom – svom svojom ljubavlju. Otkupio nas je svojom mukom, smrću i uskrsnućem jer nas ljubi, jer mu je stalo do nas.

U Svetoj Misi proslavljamo njegovo otkupljenje: njegovo otajstvo muke, smrti i uskrsnuća. A otkupljenje na najbolji način proslavljamo kad u njemu sudjelujemo djelatno i plodonosno prikazujući ga Ocu na određene nakane. Naše sudjelovanje uvelike ovisi o tome koliko poznajemo i ljubimo Boga i o tome koliko nam je stalo do vlastitog otkupljenja i do otkupljenja naših bližnjih. Ako nam je zaista stalo, ako zaista želimo crpsti vremenite i duhovne plodove otkupljenja, tada nam neće biti problem ispuniti pretpostavke koje nam Crkva sugerira. A svi se mi kad-tad nađemo u životnim situacijama u kojima nam je zaista stalo i u kojima smo spremni na posebne žrtve.

Nažalost, moram priznati da sam u određenom dijelu svog života mnoge Mise samo „obavio". Tada nisam ni razmišljao o tome da Isusovu muku prikažem za sebe ili za nekoga drugoga, iskreno, s ljubavlju i pouzdanjem. A kad bih se našao u problemima, više sam se pouzdavao da će mi Bog pomoći po nekim drugim pobožnostima i molitvama.

Budući da knjigu prvenstveno namjenjujem običnim malim ljudima, odrekao sam se prevelikog objašnjavanja starozavjetnih žrtava. Starozavjetne žrtve ispunjene su u Isusovoj žrtvi i u svakoj se od njih može naći određena poveznica s misnom žrtvom. Nisam se previše raspisao ni o pashalnoj žrtvi zato što o njezinoj povezanosti s misnom žrtvom ima dovoljno kvalitetne i lako dostupne literature.

Uvjeren sam da će knjiga najviše koristiti onima koji se nalaze u određenim potrebama – koje možemo staviti pod ovaj zajednički nazivnik: „U ovoj mi situaciji može pomoći samo Bog" – i onima koji su spremni stati uz te ljude i biti im zagovornici kod Boga. Također, bio bih jako sretan kad bi se neki mladić, čitajući je, odlučio za svećenički poziv.

U svakom slučaju, čitatelju preporučam da iz knjige uzme ono što mu se čini za njega prihvatljivim i korisnim.

(KKC 1098, 1101; SC 11; KKC 133; KKC 1394; EE 11; KKC 1414; KKC 1264)

Važno je znati

Bog je neprestano s nama od trenutka kad nas je zamislio u svojoj ljubavi. Međutim, to što je Bog neprestano s nama ne mora značiti da smo mi istovremeno s njime (KKC 30).

Iako smo krštenjem postali njegova posinjena djeca, te postali hram Duha Svetoga, s Bogom smo onda kad zaista želimo biti s njime, kad želimo provesti svoje vrijeme u njegovoj prisutnosti, kad ga želimo susresti u hramu, u vlastitom srcu.

Bog nas ne prisiljava da dolazimo k njemu. Moguće je biti u crkvi, na Svetoj Misi, moguće je mnogo vremena provoditi izgovarajući molitve, a da u isto vrijeme nismo ni s njime ni u njemu.

U Božju prisutnost dolazimo kad prema njemu svojevoljno, s nepodijeljenom pažnjom usmjerimo svoje misli, svoje riječi, svoje želje, svoju zahvalnost, svoje pouzdanje, svoje brige, svoje nade, svoju svjesnost: svoj um i srce.

Kad se potpuno *usredotočimo* na Gospodina, on može tako zaokupiti našu pažnju da izađemo iz ograničenosti svijeta i uđemo u Njega. Mnogi vjernici imaju takva iskustva na Svetoj Misi, u molitvi, za vrijeme Duhom nadahnutih propovijedi, za vrijeme slavljenja, za vrijeme čitanja Božje riječi, u euharistijskom klanjanju... Događa se da nas Gospodin tako snažno privuče u svoju prisutnost da prestanemo biti svjesni prolaženja vremena i osjeta vlastitog tijela (vrućine, hladnoće, bolova, gladi, žeđi, umora, pospanosti...). Umjesto toga svjesni smo dubokog nutarnjeg mira, Božje dobrote i nježnosti; svjesni smo punog značenja riječi koje slušamo i koje izgovaramo... Takva su stanja različitog intenziteta, traju kraće ili dulje vrijeme.

Zašto na Svetoj Misi to često ipak nije tako? Možda samo zato što nam nitko nije ni posvjedočio, ni prenio, ni usadio svoja iskustva? Možda samo zato što nismo ni umom razumjeli ni srcem spoznali da vrijeme provedeno na Misi može za nas biti ugodno i plodonosno? Možda samo zato što se ne pripremamo za Misu onako kako bismo mogli i trebali?!

Život živimo u svijetu i u Bogu. Svatko za sebe odlučuje koliko će vremena provoditi u Bogu. Kad smo u njemu, na raspolaganju nam je njegova svemoguća milost. Kao što loza ne može donijeti roda bez sokova koji u nju dolaze iz trsa, tako ni mi ne možemo učiniti ništa bez Isusa, bez njegove milosti – koja je djelatna tek *kad smo s njime i u njemu*. Bez Isusa ne možemo vjerovati srcem, ne možemo ljubiti neprijatelje, ne možemo praštati iz srca (KKC 154). Bez njega se ne možemo do kraja oduprijeti napastima tijela, svijeta i Đavla. Bez njega ne možemo biti u srcu niti iscijeljeni niti oslobođeni. Bez njega ne možemo napredovati u vjeri, ufanju i ljubavi. Bez njega ne možemo ništa takvoga niti učiniti niti primiti (Iv 15,1-5).

Mi kršćani *možemo uživati Božju prisutnost i uživati u njoj* na poseban način.

Ako smo rođeni odozgor, od Duha Svetoga, onda ne robujemo predvidljivosti (Iv 3,1-8). Osobno se ne držim nikakvih ustaljenih molitvenih shema, nego uvijek pokušavam pronaći 'lijek' ili 'hranu' koja mi je u određenom trenutku najpotrebnija. Tako postoji vrijeme u kojem čitam i razmatram *Sveto pismo*, vrijeme u kojem molim i razmatram krunicu, vrijeme u kojemu čitam neku duhovnu knjigu, vrijeme u kojima me oduševljavaju Psalmi, vrijeme u kojemu razmatram Isusovu muku, vrijeme u kojem ga slavim, blagoslivljam i zahvaljujem mu. Ponekad činim više toga odjednom. Uvijek nastojim pronaći molitveni način u kojem ću stvarno, *iskustveno uživati Božju prisutnost*. Pod riječi *uživati* podrazumijevam da se s Bogom uvijek osjećam dobro, prihvaćeno i voljeno. Naravno da ne osjećam uvijek radost, primjerice kad razmatram Isusovu muku, no i u takvim trenucima mogu reći da na neki način *uživam* jer znam da mu tada uzvraćam ljubav. Postoje i dani u kojima me Bog ne privlači ni na koji molitveni način. Te dane mogu iskoristiti tako da se s posebnom pažnjom usredotočim na činjenje nekog posebnog dobra. Čineći djela milosrđa, jednako uživam Božju prisutnost, osjećam da Isusu vraćam mali dio onoga što sam primio. Sve ovo što sam nabrojao događa se u svakoj Svetoj Misi. Svaka Sveta Misa sadrži sve te oblike pobožnosti i zato je Misa najizvrsnija hrana i najizvrsniji lijek za našu dušu. Zato ni dnevnu Svetu Misu ne propuštam, osim u iznimnim slučajevima.

Sveta Misa je susret s Bogom i prebivanje u njemu u punom smislu riječi. Za vrijeme Mise: hvalimo Boga, blagoslivljamo ga, slavimo ga, klanjamo mu se, ispovijedamo svoju vjeru, blagujemo ga, sjedinjujemo se s njime, prinosimo mu svoje potrebe i potrebe drugih, slušamo njegovu Riječ, učimo od njega. Za vrijeme Mise sudjelujemo u njegovoj žrtvi koja nas otkupljuje od grijeha, slabosti, bolesti, boli...

Sve se to stvarno događa tek kad smo u njemu!

Dakle, kad svoju svjesnost imamo na Bogu i na riječima koje slušamo i izgovaramo, tada smo *u Bogu*. Kad se nakon toga mislima vratimo u svijet, svojim svakidašnjim obvezama i brigama, milost je i *dalje* u nama, naš nutarnji čovjek i dalje ostaje svjestan Božje prisutnosti i zato i dalje ostajemo u Bogu sposobni živjeti natprirodnim božanskim životom. Kad primijetimo da više nemamo dovoljno snage za praštanje, podnošenje, davanje, da više nemamo dovoljno nutarnjeg mira, da smo izgubili radost – uđimo opet u Boga i provedimo dovoljno kvalitetnog vremena u njemu, ponovno se napunimo potrebnom milošću za život.

Nekima od nas nedjeljna Sveta Misa nije ni izdaleka dovoljna – samo zato što smo iskusili koliko se dan započet Misom razlikuje od dana bez nje.

(Ps 139,1-18; KKC 1265; Rim 8,5-12; KKC 368; KKC 94; KKC 157; KKC 1743)

Sveta Misa je sakrament otkupljenja

Isus nam je na Veliki četvrtak podario sakrament Euharistije kao sredstvo po kojem možemo djelatno i plodonosno sudjelovati u njegovu otkupljenju te iz njega crpsti duhovna i vremenita dobra koja nam po otkupljenju pripadaju.

Po sakramentu Krštenja otkupljeni smo od istočnog grijeha i od svih grijeha koje smo do tada učinili. Grijesi su nam oprošteni i nastavljamo primati oproštenje po sakramentu Ispovijedi. Međutim, još uvijek nam se događa da imamo problema s određenim grešnim sklonostima koje nikako ne možemo nadvladati, s karakternim osobinama koje ne možemo promijeniti, s raznim svezanostima i navezanostima kojih se ne možemo osloboditi. Jednako tako, ponekad smo nadvladani duševnim bolima, teškim i neizlječivim bolestima, strahovima, depresijom...

Prorok Izaija, koji je živio sedam stoljeća prije Isusova ovozemaljskog rođenja, u viziji je vidio kako Isus umire na križu.

Gledao je ono što je Isus učinio za nas ljude i s pravom se pitao koliko će ljudi njegova vremena, ali i svi ostali koji će živjeti do svršetka svijeta, povjerovati u ono što mu je objavljeno o Isusovoj otkupiteljskoj žrtvi. Pitao se koliko će vjernika povjerovati u duhovna i vremenita dobra koja nam pripadaju po Isusovoj otkupiteljskoj žrtvi pa tako i po Svetoj Misi.

Malo ljudi razumije bit Isusova otkupljenja svijeta i povezanost sakramenta Euharistije s otkupljenjem. U nastavku ću pokušati, na što jednostavniji način, pojasniti zašto je Euharistija najsvetiji i najvažniji događaj na svijetu.

Božji plan s čovjekom

Teško je razumjeti misnu žrtvu po kojoj sudjelujemo u Kristovu otkupljenju ako ne razumijemo Božji plan s čovjekom (*KKC* 280).

Bog je čovjeka stvorio na svoju sliku i priliku, okrunio ga slavom i sjajem, dao mu vlast nad zemljom (Post 1,26; Ps 8,6-9), dao mu je život u izobilju. Stvorio je čovjeka kako bi s njime dijelio ljubav i poštovanje, kako bi mu omogućio da sudjeluje u njegovu stvaranju, njegovu održavanju i vladanju svijetom, kako bi uživao u radosti življenja.

Adam je u zemaljskom raju uživao u Božjoj prisutnosti i u zadaćama koje mu je Bog povjerio i za koje mu je dao autoritet, silu, znanje i mudrost – živio je život u izobilju. U vječnosti, u raju, još ćemo više uživati u Božjoj prisutnosti i, duboko sam uvjeren, u zadaćama koje će nam davati u svojem kraljevstvu – uživat ćemo izobilje života.

Svaki je čovjek zamišljen i stvoren kao vječno biće i ni jedan čovjek neće nikad prestati postojati. Bog nas je već pri samom začeću obdario nevjerojatnim mogućnostima koje nadilaze našu spoznaju. Obdario nas je njima ne samo za ovozemaljski život nego za čitavu vječnost (KKC 1029). U dubine naše duše stavio je ono što je dao i Adamu. U *Svetom pismu* piše da smo stvoreni čudesno – na sliku i priliku Božju.

Vrhunac te čudesnosti je ljubav. Ona se najjasnije očituje u spremnosti da svoj život damo za drugoga, da svjesno odlučimo trpjeti pa čak i umrijeti kako bismo nekome spasili život – zemaljski i/ili vječni (Iv 15,13). Neki tu spremnost spoznaju tek kad se nađu u određenim životnim situacijama. Primjerice, majka u visoku stupnju trudnoće koja se zbog neizlječive bolesti mora odlučiti hoće li umrijeti ona ili dijete. Ili čovjek koji je spreman ugroziti svoj život kako bi spasio nekoga tko se iznenada našao u nekoj pogibelji. Ili pak snaha koja se treba brinuti za svekrvu s kojom nije u dobrim odnosima, a koja je zbog bolesti iznenada osuđena na dugotrajno nepokretno ležanje u krevetu.

Što da mislimo o ljudima koji su Božjom milošću otkrili tu čudesnost u sebi i kojima je dovoljno čuti da neka osoba prolazi kroz neku muku kako bi za nju počeli s ljubavlju moliti i prikazivati Isusovu žrtvu?! A ti ljudi pritom niti ne pomišljaju da bi trebali išta primiti zauzvrat i da bi za to itko trebao saznati! Što da mislimo o misionarima, dobročiniteljima, evangelizatorima, svećenicima, redovnicima i redovnicama, roditeljima brojne ili teško bolesne djece i mnogima drugima koji su poslušali Božji poziv, odrekli se samih sebe te žive i umiru za druge? Njihova je radost u tome da čine dobro ne gledajući na cijenu koju za to plaćaju. Nisu li svi oni čudesno stvoreni?! Ne čini li nas ta mogućnost da ljubimo poput Isusa, koja nam je usađena još pri stvaranju, čudesnima?!

Bog nam je dao svojeg Duha kako bismo njegovom pomoći otkrivali ono čime nas je obdario stvarajući nas (1 Kor 2,12). Dobar primjer je sveta Majka Terezija iz Kolkate (Calcutta).

Prije nego što se je posvetila umirućima na ulicama Kolkate, bila je ugledna redovnica i visoko obrazovana profesorica. Neke su se njezine učenice na određeni način brinule za te jadnike te su sestri Tereziji govorile o tome što se događa na ulicama, no njoj je pomisao da bi im se mogla pridružiti bila potpuno strana. Nije se osjećala ni sposobnom ni pozvanom za takvo što. Tada još nije u srcu znala da je svaki čovjek (pa tako i ona) čudesno stvoren sa sposobnošću i spremnošću da u ljubavi za bližnjega čini i najveće žrtve. U jednom je trenutku milošću Duha spoznala tu istinu i od tada je njezin život zadobio potpuno novi smisao.

Jedan od bitnih razloga zbog kojih smo primili Duha Svetoga jest taj da nam otkrije pravu istinu o dostojanstvu svakog čovjeka stvorena na sliku Božju.

U Edenskom vrtu (zemaljskom raju) bilo je mnogo stabala, a u središtu vrta nalazila su se dva posebna: stablo života i stablo spoznaje dobra i zla. Čovjek je smio jesti sa svakog stabla u vrtu osim sa stabla spoznaje dobra i zla. Bog mu je to zabranio upozorivši ga da će onog dana kad prekrši tu zapovijed, umrijeti (Post 2,15–17). Adam je dakle znao da je neposlušnost prema Bogu zlo, ali u pravom je smislu zlo spoznao tek onda kad ga je iskusio, odnosno kad ga je počinio. Znanje je povezano s razumom, s vanjskim čovjekom, a spoznaja s iskustvom srca, s nutarnjim čovjekom.

Moramo pretpostaviti da je Bog objasnio Adamu što znači umrijeti; u suprotnom njegova kazna ne bi bila pravedna. Adam nije imao iskustvo smrti i zato je *morao vjerovati* da je smrt zaista onakva kakvom ju je Bog opisao. Adam nije imao ni iskustvo Božje osude i zato je *morao vjerovati* da će Bog zbog svoje pravednosti i nepristranosti morati ispuniti tako strašnu prijetnju, unatoč tome što ga je poznavao samo kao beskrajno dobrog Oca. Adam je trebao imati strah Božji, trebao je znati da Bog stoji iza svoje riječi. Dokle god je Adam vjerovao Bogu, bio je spašen, živio je izvan grijeha i imao je vječni život.

Mi, ljudi rođeni od Adama i Eve, nemamo iskustvo vječnog života i zato *moramo vjerovati* Božjoj riječi koja nam kaže da će svaki čovjek živjeti vječno, bilo u raju, bilo u paklu. Jednako tako, *moramo mu vjerovati* kad kaže da će biti pravedan i nepristran sudac i da će zbog njegove pravednosti i nepristranosti mnogi morati biti osuđeni na pakao, na vječnost u kojoj će umjesto obilja života imati vječnu muku.

Bog je vidio Adamovo srce svaki put kada bi se Adam svojom slobodnom voljom odupirao zabranjenom drvetu, koje ga je mamilo jer je bilo za oko primamljivo i za mudrost poželjno, i poštovao je njegov napor. Adam je svakodnevno bio izložen kušnji jer se je zabranjeno stablo nalazilo u središtu vrta, u središtu njegove pozornosti, upravo kao i stablo života s kojeg je jeo život. Naša savjest funkcionira na isti način: neprestano se nalazimo u situacijama u kojima se moramo odlučivati činiti dobro i u situacijama u kojima se moramo odlučivati izbjegavati činiti zlo (KKC 1776-1802). I mi smo često izloženi nekom primamljivom stablu čiji plod može, polako ili brzo, ubiti našu vjeru i našu želju za vječnim životom u raju.

Ono što je Bog želio Adamu i Evi, želi svakom čovjeku: želi da ozbiljno shvatimo njegove riječi, želi da nam budu važne, da nam budu svete, da im vjerujemo bezrezervno. Bog želi da njegove riječi upišemo u srce jer samo tako možemo živjeti u ljubavi, miru i pravednosti, samo tako možemo imati dostojanstvo djece Božje (KKC 1780-1782). To često nije nimalo lako i upravo zbog toga što nije lako, vrijedni smo njegova poštovanja (Iv 12,26).

Zašto je Bog dopustio Adamu da sagriješi

Zašto nam Bog dopušta da griješimo? Bez slobodne volje, bez mogućnosti da sagriješimo, bez mogućnosti da sami biramo između dobra ili zla, bili bismo poput robota. Ne bismo mogli izraziti (po)štovanje ni Bogu ni bilo kome drugome, bili bismo bez dostojanstva. U nebu, u vječnom Božjem kraljevstvu svi će spašeni biti sveti, no neće svi biti jednaki u dostojanstvu.

Sami nismo mogli izabrati kad, gdje i kakvi ćemo se roditi za ovozemaljski život, no svojim životnim odabirima, svojom slobodnom voljom biramo svoju vječnu poziciju. Sami se neprestano odlučujemo za ljubav, poštovanje, praštanje i činjenje dobra. Sami odlučujemo koliko smo se spremni žrtvovati. Sami odlučujemo želimo li napredovati u dobru, želimo li se mijenjati, želimo li rasti u milosti i mudrosti. Ta sloboda odlučivanja dana nam je kako bi svatko od nas mogao zadobiti svoju vječnu poziciju na savršeno pravedan i nepristran način, kako bi svatko od nas izgradio svoje vječno dostojanstvo. Svako i najmanje učinjeno dobro, poput davanja čaše vode nekome žednome Kristovu učeniku, ima ogroman utjecaj na vječnost (Mt 10,42; Mk 9,41). Zato nastojmo u ovome kratkome životu prikupiti što više nepropadljiva blaga za vječnost (Lk 6,23; Lk 6,35).

Adam i Eva su ljubili Boga, no sebe su ljubili više i zbog toga ga nisu do kraja (po)štovali, zbog toga mu nisu do kraja vjerovali, nisu imali dovoljno straha Božjega (Mt 16,24; Mk 8,34; Lk 9,23; Iv 12,25). Jednog se je dana umiješao Sotona. Adam i Eva su *na njega i na zabranjeno drvo usmjerili previše pažnje* a on je iskoristio priliku – zaveo ih je da požele ono što im ne pripada te ih naveo na grijeh. Povjerovali su zmiji koja je Boga nazvala lašcem, odlučili su se pobuniti i postati Bogu ravni. Htjeli su živjeti tako da više ne ovise o Bogu i da ne moraju živjeti po njegovim pravilima. *Htjeli su još više uživati u životu.* Zvuči poznato?! Sagriješili su i pogazili svoje dostojanstvo. Izgubili su pristup drvu života i istjerani su iz raja. Gubitak milosti učinio ih je sklonima grijehu, strahu, nemiru, bolima i bolestima te tjelesnoj smrti a nakon nje, što je najgore, čekala ih je vječnost u paklu. To se ne bi dogodilo da su Boga voljeli više od sebe, da su mu bili zahvalni, da su ga poštovali i da su ga se bojali.

Sotona, stvarni gospodar onih koji pripadaju svijetu umjesto Bogu, i dalje primjenjuje istu taktiku i ta se borba vodi još uvijek (1 Iv 5,19; Ef 6,10-20).

Prognani Adam nije čeznuo ni za zdravljem, ni za blagostanjem, niti za bilo čime što nama u zemaljskom životu pričinja zadovoljstvo, jer je sve to bilo ništa u usporedbi s onime što je imao u raju. Za sve je to bio zahvalan, no on je iznad svega čeznuo za Bogom, za prijateljstvom s njime, za svime onime što je radio u raju. Čeznuo je za nevjerojatno velikim dostojanstvom koje je izgubio.

Od Adama i Eve prošlo je mnogo generacija, a čovjek se još uvijek rađa s osjećajem odbačenosti iz raja, s osjećajem odbačenosti od Boga. Rađamo se, živimo i umiremo u duboko nepravednom svijetu. U dubini duše čeznemo za mirom i dostojanstvom koje je Adam imao u raju i čiji predokus mnogi kušamo kad se nalazimo u Božjoj nazočnosti, kad prebivamo u Bogu. Što dublje ulazimo u Boga, to smo svjesniji te čežnje. Svijet, tijelo i Đavao nude nam svoju verziju sreće, mira i dostojanstva, nude nam svoje obilje života, koje možemo imati samo ako ostavimo Boga. Bog nam, s druge strane, nudi svoju verziju punine života u primjeru ovozemaljskog života svoga sina, ali i mnogih svetaca. On nam ne obećava izvanjsku sreću (Iv 16,33), već duboku nutarnju radost i mir (Gal 5,22). Jedan od razbojnika razapetih s Isusom zagledao se je u umirućeg Isusa i njegovu majku pod križem, a drugi u svjetinu koja Ga je vrijeđala. Jedan je povjerovao Isusu, a drugi svjetini (Lk 23,39-43). *O nama ovisi u koga ćemo se zagledati, jer u koga se zagledamo, tome najčešće povjerujemo.*

Tako će biti do Isusova ponovnog dolaska.

Dobra, radosna vijest

Adam i Eva su bili sigurni da su nepovratno izgubili raj. I jako su dobro znali što su izgubili. Bog je znao da će čovjek sagriješiti i umrijeti, ali dopustio je da se to dogodi jer je predvidio mogućnost da čovjek iz svoga pada zadobije *još veći blagoslov* od onoga koji je imao prije pada (*KKC* 280, 302 i 412).

Bog evanđelje najprije naviješta Adamu – naviješta mu mogućnost spasenja, mogućnost da se, po vjeri u otkupiteljsku žrtvu Njegova jedinorođenoga Sina Isusa Krista, ponovno rodi za život koji je izgubio (KKC 55 i 410). Nakon Adama Bog neprestano objavljuje istu dobru, radosnu vijest: Abrahamu, Mojsiju, Izaiji, drugim prorocima... (Iz 53,1-12; Lk 2,25-38; Iv 8,56; Dj 10,43, 1 Pt 1,10-12; KKC 522; IV.EM).

Bog nije Adama potpuno napustio. Iako su Adam i Eva bili istjerani iz raja, oni su i dalje živjeli pred Božjim licem (u njegovoj prisutnosti) i s njime su komunicirali (Post 4,16). Možemo li uopće zamisliti Adama u trenutku kada mu je Bog priopćio da postoji način i mogućnost da mu grijeh bude oprošten te da se može *spasiti*, da se može *ponovno roditi za raj*?! (Iv 3,3) Adamu je evanđelje – poziv da se spasi od vječne smrti i ponovno postane dionikom Božjeg vječnog kraljevstva ljubavi, pravednosti i mira – bila itekako dobra i radosna vijest. Bila je to najbolja vijest koju je mogao čuti.

Bog je Adamu priopćio da mu grijeh može biti oprošten i da se može ponovno roditi za raj, no da će njegovu krivicu morati na sebe preuzeti netko drugi. Netko će drugi morati dobrovoljno, svojom voljom umrijeti nevin kako bi Adamu moglo biti oprošteno i kako bi se mogao ponovno roditi (Iz 53,12).

Taj netko drugi je Isus, Sin Božji. Kaznu će preuzeti na sebe tako da će se silno poniziti i postati čovjekom – dopustit će da ga prezru, odbace, nevina ga osude, ponize, užasno muče i na kraju pogube na križu (Iz 53,1-12).

Je li Adam to mogao prihvatiti? Mogao je jer je znao da će Isus to učiniti potpuno slobodno, iz žarke ljubavi prema svakom čovjeku (Iv 3,16). Adam je mogao prihvatiti da Isus umre umjesto njega i zato što mu je Bog objavio da njegov sin neće ostati u grobu, nego će treći dan uskrsnuti od mrtvih. Koliki pojedinci danas ne mogu prihvatiti činjenicu da će biti spašeni ako prihvate tu istinu?!

Adam je sagriješio, a svi koji se od njega rađaju trpe posljedice njegova grijeha. Budući da nismo sami odgovorni za taj istočni, Adamov grijeh, Bog nije htio da sami plaćamo otkupninu. On sâm se je ponudio da plati umjesto svih nas.

U trenutku kad je Adam shvatio Božju ponudu spasenja, zasigurno je pao licem na zemlju u duboku kajanju, zahvalnosti i štovanju!

Što je konkretno Adam trebao učiniti

Adamova žrtva nije zabilježena nigdje u *Svetom pismu*. Ono što znamo sa sigurnošću jest to da je Adam i dalje, nakon što je istjeran iz zemaljskog raja, razgovarao s Bogom i da ga je On naučio prinositi žrtve. Vrlo je logično zaključiti da mu je Bog objasnio smisao tih žrtvi. Dakle, Bog je obećao učiniti svoj dio, a Adam je, za oproštenje i izmirenje s njime, morao učiniti svoj. Morao je prinijeti žrtvu okajnicu za svoj grijeh – morao je žrtvovati životinju bez mane: morao je priznati svoj grijeh, zatražiti oproštenje, staviti ruke na glavu životinje i tako simbolički predati svoju krivnju, zaklati životinju i proliti njezinu krv. No to nije bilo dovoljno. Adam je *morao vjerovati* da je ta žrtva, taj obred, samo znak (simbol), duhovna poveznica sa žrtvom u kojoj će za njegov grijeh biti ubijen Krist, Božji jaganjac bez mane. Duboko sam uvjeren da je Adam *morao vjerovati* da po tom obrednom činu žrtvovanja životinje na duhovan način sudjeluje u žrtvi Sina Božjeg koja će se dogoditi u punini vremena. *Morao je vjerovati* da stavljajući ruke na životinju, u duhovnoj stvarnosti polaže ruke na raspetog Krista i predaje mu grijehe kako bi ih on otplatio umjesto njega.

Da Adam nije vjerovao u Isusovu žrtvu, ne bi ga spasilo nikakvo žrtvovanje životinja, nikakav obred. Adam je bio spašen jer je povjerovao da žrtvujući životinju, zaista sudjeluje u Isusovoj žrtvi, da u njoj unaprijed participira.

Da je Krist u Getsemanskom vrtu odustao od žrtve, Adamov grijeh ne bi bio oprošten, jer životinjska krv ne može oprati grijehe. Isus nije odustao od žrtve i Adam je spašen (Sir 49,16).

Važno je uočiti poveznicu između starozavjetnih žrtava i Isusove žrtve. Ta je poveznica *vjera*. Oni koji su prinosili okajnicu za grijehe morali su vjerovati da prinošenjem životinjske žrtve sudjeluju u Mesijinoj (Kristovoj, Pomazanikovoj) žrtvi. Žrtva koju su prinosili, bez obzira koliko ih je stajala u bilo kojem pogledu, nije sama po sebi mogla otkupiti od grijeha. Žrtva je uvijek bila samo obred koji ih je vjerom povezivao sa žrtvom Isusa Krista. Bila je sredstvo po kojem su mogli mnogo puta unaprijed participirati (imati dio) u Isusovoj žrtvi koja se je dogodila samo jednom u povijesti.

Ta je tajna bila sakrivena većini starozavjetnih ljudi jer ili nisu mogli ili nisu htjeli povjerovati u ono što im je Bog naviještao preko proroka. Bog ipak nije prezreo one koji su pred njim prinosili žrtve okajnice s iskrenim kajanjem, a, iz neznanja, nisu mogli vjerovati u Kristovo otkupljenje. Štoviše, poslao je svoga sina da nakon smrti siđe u podzemlje i, onima koji su u Šeolu čekali otkupljenje, propovijeda (navijesti) svoju žrtvu kako bi povjerovali i vjerom se spasili (*Apostolsko vjerovanje*: „...sišao nad pakao...“).

Što mi trebamo činiti

I mi trebamo Isusovu žrtvu prikazivati Ocu za otkupljenje i spasenje. Euharistija je sredstvo koje je Isus ustanovio kako bi nam omogućio da i mi mnogo puta, na duhovan, sakramentalan način, stvarno sudjelujemo u njegovoj žrtvi koja se je dogodila samo jednom. Dakle, kao što su Adam i starozavjetni ljudi mogli žrtvovanjem životinja participirati u Isusovoj žrtvi mnogo puta *unaprijed, prije nego što se je stvarno dogodila,* tako mi možemo u toj istoj žrtvi participirati mnogo puta slaveći Euharistiju *nakon što se je stvarno dogodila.*

Kako si to možemo predočiti? Kad je Isus umirao na križu, Otac je gledao cijelu povijest čovječanstva. Gledao je i tebe i mene i vidio svako prikazivanje Isusove muke. Iako misnu žrtvu tijekom svog života prikazujemo mnogo puta i na različite nakane, on je sva naša prikazivanja vidio već tada – u trenutku Isusove muke i smrti. Zato je sve ono što smo Isusu predavali, i što ćemo mu još predavati da *ponese i uzme na sebe,* Isus zaista već *uzeo i ponio* (Iz 53,4-6). Kad na Svetoj Misi prikazujemo njegovu žrtvu Ocu, trebamo biti svjesni da se to prikazivanje događa izvan ograničenosti vremena.

Nebeski Otac od nas očekuje da mu prikazujemo Isusovu žrtvu i tako primamo njegovo otkupljenje, ali i posredujemo ga drugima. Isus želi da prikazivanjem njegove žrtve prihvatimo njegovu ljubav i postignemo što više duhovnih i vremenitih dobara za sebe i za druge, te želi da mu u Euharistiji uzvratimo ljubav s križa. On želi da svoja trpljenja sjedinimo s njegovim trpljenjem i na taj način dopunjamo ono što nedostaje njegovoj žrtvi – a jedino što njegovoj savršenoj žrtvi nedostaje jest to da u njoj sudjelujemo djelatno i plodonosno i da je posredujemo drugima (Kol 1,24).

Vjera, nada i iščekivanje

Zašto danas vidimo tako malo konkretnih misnih plodova, odnosno vremenitih i duhovnih dobara? Za to postoji više razloga, a glavni razlog Crkva vidi u neadekvatnoj pripremi za misno slavlje.

Jedan od najčešćih razloga zbog kojih u pripremu za Svetu Misu ne želimo uložiti dovoljno truda i vremena je nerazumijevanje procesa zadobivanja vjere srca. Mnogi laici, ali i svećenici, iskreno priznaju kako ne vjeruju niti se nadaju da će po sudjelovanju u Misi primiti neko konkretno uslišanje. Vjerojatno im nitko nije prenio svoja iskustva, nitko ih nije 'zarazio' vjerom.

Vjerujem da možemo razlikovati vjeru razuma i vjeru srca. Uzmimo samo jedan primjer. Malo tko od nas u razumu ne vjeruje, odnosno svojevoljno odbacuje biblijsku istinu da je Bog naš otac koji nas je stvorio iz ljubavi i koji se želi brinuti za nas u svemu. Međutim, jednako tako malo tko od nas u tu istinu vjeruje u svom srcu. Ili, bolje rečeno, malo tko ima živo iskustvo te Očeve ljubavi. Rijetki su oni vjernici koji u svojim potrebama prilaze Bogu kao ljubljenom ocu s istinskim povjerenjem i pouzdanjem da će biti uslišani, rijetki su oni koji doista uživaju prebivati u Očevoj prisutnosti.

Pripremajući se za pisanje ove knjige, pročitao sam prilično velik broj tekstova (knjiga i članaka) o misnoj žrtvi. Pritom sam primijetio da se gotovo svi autori pozivaju na 53. poglavlje *Knjige proroka Izaije*, koje govori o Isusovoj otkupiteljskoj žrtvi, o Izaijinu čovjeku boli. No iako Izaija, nabrajajući što je sve Isus učinio za nas (redci 4-5), započinje i završava s bolestima, te spominje boli, grijehe i opačine, autori se uglavnom bave samo grijesima. Jednako tako, spominju i Pashu, no ne kažu da je plod Pashe bilo i ozdravljenje svih bolesnih Židova. Te se je noći, prema biblijskom izvještaju, dogodilo najmasovnije ozdravljenje ljudi u povijesti čovječanstva (Ps 105,37).

Mnogi svećenici nisu nikad ni pokušali Svetu Misu prikazati za teškog bolesnika po obrascu *Mise za bolesnike*, ili Misu za umirućeg po obrascu *Mise za umirućeg*, samo zato što se ne nadaju da će Bog stvarno učiniti nešto konkretno. Kad bi se nadali, itekako bi to činili. Oni će se izgovarati time da svaka Sveta Misa ima svrhu otkupljenja, da Bog može učiniti sve i po svakoj drugoj Misi. Tu su donekle u pravu. Bog nam se po svakoj Misi daje u potpunosti. Ako vjerujemo u srcu, Bog će jednako učiniti i po Svetoj Misi koja se ne prikazuje po posebnom obrascu. Poseban nam je obrazac dân samo zato da bismo lakše povjerovali, da bismo se lakše otvorili, da bismo lakše oraspoložili srce za predanje, da bismo lakše primili milost otkupljenja. Zbog toga Mise koje se služe po posebnom obrascu imaju itekakva smisla.

Ako barem u razumu prihvaćamo da slaveći misna otajstva, stvarno sudjelujemo u Isusovu otkupljenju, to je već dovoljan razlog da misnu nakanu prikažemo s iščekivanjem. Svete riječi, čini, znakovi i simboli za vrijeme liturgijskog obreda uvode nas u najrazličitije osobne i zajedničke odnose s Bogom. Vjera srca dolazi kao Božji dar, iz odnosa s njime, kao odgovor na naše iščekivanje milosnog trenutka uslišanja. Ponekad vjeru srca ne primimo tijekom prve Mise, već kao rezultat procesa predanja, koji traje tijekom više Misa. Taj proces otvaranja Božjem djelovanju kroz predanje u njegovu volju možemo nazvati *iščekivanjem* jer se razlikuje od samog čekanja. Iščekivanje je aktivno sudjelovanje u kojem smo, u miru srca, usmjereni na Otkupitelja prepuštajući njemu da odabere kad će se otkupljenje dogoditi i koji će biti njegov ishod. Iščekivanje očekuje da će se Bog svakako 'uključiti' i da će nama pomoći da se 'uključimo'.

Sjetimo se primjera starozavjetnih proroka koji su znali prinijeti žrtvu i nekoliko puta uzastopce u iščekivanju da im Bog progovori. Ili sjetimo se Ilije koji je molio da padne kiša. On je iščekivao kišu dok na nebu još nije bilo doslovno ni traga oblacima. Znao je da će oblaci doći kao rezultat njegove molitve, iako nije znao koliko će dugo morati ostati u molitvi, u Bogu. To međutim nije ni bilo presudno važno jer je Ilija znao da se za vrijeme čitave molitve nalazi pred Božjim licem i da je čitavo vrijeme molitve za njega blagoslov, a ne samo trenutak uslišanja. I mi bismo, poput Ilije, trebali moliti za svoje potrebe, bez obzira što ćemo nakon molitve više puta zaredom 'ugledati nebo bez oblaka'. Dovoljno je da, poput Ilije, budemo poslušni Božjoj zapovijedi da sudjelujemo na Svetoj Misi, da iščekujemo te da, iščekujući, uživamo njegovu prisutnost i primamo sve ono što se po milosti događa u našem nutarnjem čovjeku dok čekamo konačno uslišanje. Moramo biti svjesni da otkupljenje ponekad neće doći dokle god nas milost ne oslobodi i iscijeli od uzroka naših problema i ne pripremi nas da zadobivene plodove otkupljenja možemo zadržati. Zato nemojmo žuriti, nemojmo se tjeskobno naprezati da što prije primimo, nego prepustimo se milosti da nas najprije pripravlja kako bismo mogli zadržati, sačuvati ono što ćemo primiti.

Dakle, vjera srca će se dogoditi u susretu s Bogom. Ne moramo je imati prije početka Svete Mise.

Bog je htio liturgiju

Bog je iz određenih razloga htio da se svaka žrtva sastoji od sasvim određenih činova, riječi, znakova i simbola. Htio je liturgiju još od prve Adamove žrtve. On je Adamu mogao reći kako je dovoljno da povjeruje u Isusovu žrtvu, da se pokaje i da primi spasenje. No Bog nije htio da Adam samo povjeruje nego je htio da aktivno sudjeluje u žrtvi. Htio je da cijeli taj proces, cijeli obred – biranje životinje, priprema žrtvenika i žrtve te svega što je za nju bilo potrebno – Adama pripremi za pokajanje i ispovijedanje krivnje, da ga oduzimanje života nedužnoj životinji bez mane i prolijevanje njezine krvi što intimnije poveže sa žrtvom njegova sina Isusa. Bog je htio da onaj tko žrtvuje bude snažno svjestan činjenice da njegovu kaznu za grijehe preuzima Jaganjac bez mane, bez grijeha; da Jaganjac Isus plaća mučeničkom krvlju, da plaća vlastitim životom. Liturgija nam svojim obrednim tijekom omogućuje da se što intimnije povežemo s raspetim Kristom te tako u njegovoj žrtvi sudjelujemo aktivno, djelatno i plodonosno.

Rađamo se s istočnim grijehom i palom naravi. U trenutku krštenja (koje je Bog također htio kao obredni, liturgijski čin) i prihvaćanja vjere, Bog nam oprašta grijehe, udahnjuje nam svoj Duh i prihvaća nas kao svoju posinjenu djecu. U tom smo trenutku spašeni, no nastavljamo živjeti u tijelu sklonom grijehu i u svijetu kojim želi gospodariti Đavao. On nas na sve moguće načine pokušava udaljiti od Boga, staviti pod svoju vlast i odvesti s puta spasenja.

U trenutku krštenja naša pala narav nije potpuno preobražena u novu, uskrslu narav. I dalje u određenoj mjeri ostajemo sebični i egocentrični, osjećamo se manje ili više odbačenima od Boga, ne poznajemo ga dovoljno i nemamo sinovsko pouzdanje u njega, nismo navikli prebivati u njegovoj prisutnosti. Budući da je naša narav i dalje sklona grijehu i najrazličitijim svjetovnim ponudama, dužni smo cijeli život težiti vlastitom obraćenju, stalnoj promjeni naravi, težiti rastu u svetosti. To se kontinuirano obraćenje plodonosno događa po prebivanju u Bogu, a posebno po otkupljenju kroz misnu žrtvu.

Božji život možemo imati samo u onim dijelovima osobnosti (naravi) koji su otkupljeni. Tako možemo primijetiti da s određenim grijesima nemamo nikakvih problema, i s Božjim se zapovijedima koje o njima govore slažemo s veseljem, dok se određenih grešnih navika ne možemo osloboditi sami (Rim 7,14-25). Jednako tako, možemo primijetiti da u pojedine Isusove riječi vjerujemo svim srcem, u neke samo razumom, dok u neke uopće ne vjerujemo. Tamo gdje nismo otkupljeni ne možemo imati Božju vrstu života, u tom dijelu naše naravi Isus nije Gospodin.

Bog je htio Crkvu, htio je liturgiju, htio je sakramente, htio je Svetu Misu onakvu kakva jest. Htio je da jedemo njegovo tijelo i pijemo njegovu krv, htio je da sudjelujemo u njegovoj žrtvi djelatno i plodonosno.

Bog je htio da imamo život koji se u nama događa po Euharistiji (Iv 6,50-59).

U Pashalnoj žrtvi janjetovom su krvlju označena vrata obiteljskog doma i duh zatornik nije mogao ući u kuću i ubiti prvorođence među ljudima, ni prvine među životinjama (Iz 12,29). Nakon blagovanja Pashe Židovi su od robova postali bogati ljudi (Iz 12,35-36). Svi bolesnici koji su blagovali žrtvovanog jaganjca ozdravili su (Ps 105,37). Ozdravili su kako bi mogli hodati prema obećanoj zemlji.

Blagovanjem Jaganjčeva tijela vjerom srca i mi ozdravljamo na duhu, duši i tijelu kako bismo uspješno nastavljali 'pješačiti' prema 'obećanoj zemlji', odnosno prema nebu. Pijenjem njegove krvi uvijek iznova obnavljamo krsni savez po kojem nas je Bog posinio, po kojem pripadamo njemu i po kojem se on brine za nas.

Tko jede Isusovo tijelo i pije njegovu krv vjerom srca, ima život u sebi. Kakav je to život o kojem Isus govori? To je život u kojem uživamo osobni intimni odnos s Bogom. U Bogu se nalazi izvor s kojeg pijemo i zato Isus vičući poziva da tko god je žedan, dođe k njemu i da pije tko vjeruje u njega jer je u njegovoj krvi život, jer je u njegovoj krvi milost, jer je u njegovoj krvi silno prisutan Duh Sveti (Ps 36,9; Iv 7,37-39). Isus je htio da sakrament Euharistije u sebi sadrži vidljivi znak pijenja njegove posvećene krvi kako bi nam taj znak u pamet i srce prizivao izvor vječnog života. Na taj nam je način htio oraspoložiti srce (naš osobni hram Duha Svetoga) za punjenje Duhom (*Ef* 5,19). Isus je htio da pijemo njegovu krv jer je znao da njegova ljubav može utažiti žeđ naših duša (KKC 1390).

Mi kršćani, novi narod Božji, ne žrtvujemo životinje, nego u Isusovoj žrtvi uvijek iznova sudjelujemo po čudu Euharistije. Kada slavimo Euharistiju, spomen smrti i uskrsnuća našeg Gospodina, taj se središnji događaj spasenja stvarno uprisutnjuje i „vrši se djelo našeg otkupljenja" (EE 11; LG 3; KKC 611).

Isus Krist je u Svetoj Misi *žrtva, svećenik* i *oltar*. On *se žrtvuje*, on našu nakanu *prikazuje Ocu* zajedno s nama i on je oltar jer *se nalazimo u njemu* kad žrtvujemo, kad blagovanjem njega postajemo jedno s njime (KKC 1391). Zato je blagovanje žrtve, odnosno blagovanje Jaganjčeva tijela i pijenje njegove krvi vrhunac misne žrtve (KKC 1340 i 1128).

Po krštenju smo postali svećenici, proroci i kraljevi kako bismo Isusovu žrtvu Ocu mogli u Svetoj Misi prinositi na svoje nakane, te kako bismo u njegovu žrtvu mogli ugrađivati i svoje dragovoljne žrtve (trpljenja) prinoseći ih za otkupljenje i spasenje grešnika (Kol 1,24; KKC 783-784, 871, 1141, 1268, 1273, 1322).

Na svakoj se Misi *može* prikazati više nakana, uz glavnu misnu nakanu koju prikazuje okupljena zajednica na čelu sa svećenikom koji predvodi Misu. Broj nakana koje ćemo prikazati na pojedinoj Misi ovisi o tome koliko i kako vjerujemo u Euharistiju te koliko ljubavi imamo prema onima kojima je potrebna milost s križa.

Usuđujem se konstatirati da je Misa liturgijski koncipirana tako da po Euharistiji sudjelujemo u Isusovoj otkupiteljskoj žrtvi na što djelatniji i plodonosniji način. Zbog toga mislim da bi oni koji su zaduženi za pripremu i sam tijek Mise trebali najviše pažnje obratiti na to da okupljenoj zajednici omoguće u njoj sudjelovati što djelatnije i plodonosnije.

Za bolje shvaćanje čitatelju preporučam da pročita i prouči barem onaj dio *Katekizma Katoličke Crkve* koji govori o sakramentu Euharistije (Drugi odsjek, članak 3) te svakako *Encikliku o Euharistiji* (EE) svetog pape Ivana Pavla II.

Dobra koja primamo po Svetoj Misi

Koja dobra možemo primati po Svetoj Misi? Jedno od najvećih dobara koja imamo u Svetoj Misi je svakako povlastica da, i kao pojedinci i kao okupljena župska zajednica, možemo provoditi intenzivno vrijeme s Bogom i u Bogu: da mu možemo zahvaljivati za dobra koja nam daje, da ga možemo slaviti i veličati, da ga možemo moliti za svoje potrebe i za potrebe drugih; da možemo slušati njegovu riječ pouke, ohrabrenja, usmjerenja, utjehe, opomene... A iznad svega – da možemo u njegovoj muci sudjelovati aktivno i plodonosno prikazujući je Ocu na nakanu za vlastito otkupljenje i za otkupljenje drugih.

U nastavku donosim popis onih nakana s kojima se osobno najčešće susrećem prikazujući Misu za sebe i za druge.

(LG 3; EE 11; EE 12; KKC 1382; Iz 53,1;4-6)

Oslobođenje iz Čistilišta

Gotovo se svaka Sveta Misa koja se ne služi po posebnom obrascu prikazuje za nečije oslobođenje iz Čistilišta. U Čistilište odlaze duše kojima je dosuđeno nebo, ali koje prije nego što u njega uđu trebaju dati zadovoljštinu za neotkupljene grijehe, tj. za grijehe za koje se nisu dovoljno pokajale i primile potpuno oproštenje. Kroz zadovoljštinu te duše usavršuju svoju ljubav prema Bogu i čovjeku. Nitko ne može ući u nebo tko nije savršen u ljubavi.

Svatko od nas tijekom života griješi: mislima, riječima, činjenjem loših djela i propuštanjem činjenja dobrih djela. Za neke smo se grijehe savršeno pokajali i s njima na sudu nemamo nikakvih problema. Za neke grijehe znamo da smo ih počinili, priznali smo ih i zatražili oproštenje, ali se u srcu nismo pokajali kako smo trebali. Neke grijehe čak pokušavamo sami opravdati. Nekim smo grijesima ranili druge, ali nismo imali ni dovoljno volje ni dovoljno vjere da tu štetu nadoknadimo. Mnogo griješimo i zbog neznanja jer si ne damo dovoljno truda da upoznamo Boga i njegovu svetu riječ. Jer se ne trudimo upoznati njegove zapovijedi u njihovoj stvarnoj biti – ljubavi prema Bogu, sebi i bližnjima, pa čak i neprijateljima. Tek kad spoznamo stvarnu bit nekog grijeha, možemo se savršeno pokajati. Jednako tako, Bog nam oprašta na način na koji mi opraštamo onima koji su sagriješili protiv nas (Mt 18,23-35). Mnoge duše odlaze u Čistilište upravo zato što nisu dovoljno opraštale, iako su same itekako htjele oproštenje.

Korijen grijeha najčešće je u tome što nemamo, odnosno što ne pokazujemo dovoljno volje da za života uspostavimo osobni intimni odnos s Bogom. Samo ga kroz takav odnos možemo srcem spoznati i plodonosno ga ljubiti. Samo iz te ljubavi možemo plodonosno ljubiti sebe i druge.

Bog je u svojoj ljubavi prema nama toliko milosrdan da nam je obećao da nitko tko ga u trenutku smrti zazove neće biti osuđen na pakao (Rim 10,13; Dj 2,21). Ipak, mnogi će morati mnogo vremena provesti u čistilišnim mukama. Duše u Čistilištu ne mogu moliti za sebe, no Bog je toliko milosrdan da je nama dao mogućnost da molimo za njih, a to najučinkovitije možemo činiti prikazivanjem misne žrtve.

(KKC 1030-1032; KKC 1472).

Spasenje umirućih

Vjerujem da su umirući u silnoj potrebi Božjeg milosrđa, pogotovo oni koji iz bilo kojeg razloga umiru prije duboke starosti. Strah od smrti, bol i razočaranje zbog spoznaje da moraju prerano otići, strah za obitelj, osjećaj odbačenosti i bespomoćnosti, bolovi i neugodnosti povezani s bolešću – samo su neki izazovi s kojima se bori čovjek koji umire. Mnogi od njih nisu u stanju milosti, ne žive u osobnom intimnom odnosu s Gospodinom. Božja riječ kaže da tko god prizove ime Gospodnje, bit će spašen, neće završiti u paklu (*Rim* 10,13). Mnogi umirući, pogotovo oni koji su u mladosti iskusili određene milosti – poput iskustva prve svete pričesti, ili iskustva odlaska na Misu s roditeljima, ili iskustva ministriranja na Misi – otvoreni su za prihvaćanje milosti, no potrebna im je molitvena pomoć.

Obitelj umirućega često ne poziva svećenika i ne govori o Bogu i nebu, jer se boji da bi ga time mogla uznemiriti. Mnogim je umirućima neugodno pozvati svećenika ili nekoga drugoga da se za njih pomoli i da s njima razgovara o Bogu. Neki su, zbog situacije u kojoj se nalaze, na Boga ogorčeni i ne žele s njime imati posla. Ima i onih koji nemaju dovoljno vjere u vječni život, a i onih koji misle da su živjeli pravedno i da im oproštenje nije potrebno.

Događa se također da obitelj bolesnika zbog ljudskih obzira ne želi pozvati svećenika. Važnije im je što će susjedi i drugi ljudi misliti o njima (jer su pozvali svećenika) nego bolesnikova potreba za Božjom milošću. Također, velik broj vjernika ne razumije bit bolesničkog pomazanja i ne shvaća da je to sakrament preko kojeg bolesnik prvenstveno prima toliko željeni i potrebni Božji mir u srce (kroz sakrament Ispovijedi), prima vječno spasenje. Ne shvaćaju da je to sakrament po kojem Gospodin može pridići bolesnika i ozdraviti ga i od najtežih bolesti.

Bog je u svojem milosrđu silno zainteresiran za obraćenje i spasenje svakog čovjeka, no zbog svoje pravednosti i nepristranosti ne može svoju milost nikome nametnuti. Molitva za umiruće jedno je od najvećih djela milosrđa na koje smo svi pozvani. Ni jedna pomoć koju primimo za života ne može se usporediti s pomoći koju ćemo trebati pred vlastitu smrt.

Starac Šimun je prorokovao Mariji, Isusovoj i našoj majci, da će joj mač probosti dušu kako bi se razotkrile namisli srdaca (Lk 2,35). Time joj je nagovijestio milost po kojoj će mnoge duše u trenutku umiranja, njezinim zagovorom spoznati svoj život onakvim kakav je on zaista bio, kako bi se mogle iskreno pokajati i primiti oproštenje i spasenje. Spoznati svoju grešnost, pokajati se i zatražiti oproštenje – barem neposredno prije smrti – jedna je od najvećih milosti koja se može dogoditi svakome. Nitko od nas nije u potpunosti svjestan koliko smo dobroga propustili učiniti u osobnom odnosu s Bogom i bližnjima, najčešće zbog ponosa, sebičnosti i egocentričnosti, koje tako često ne primjećujemo. Zato u svakoj *Zdravomariji* molimo Isusovu i našu majku da neprestano moli za nas grešnike, a posebno u trenutku naše smrti kako bismo spoznali svoje grijehe i, u isto vrijeme, Božje milosrđe. Trebamo si posvijestiti da je Blažena Djevica Marija prisutna i da nas zagovara kad prikazujemo Mise za spasenje umirućih jer smo je upravo to mnogo puta molili: da na času naše smrti moli za umiruće grešnike za koje molimo. Posvijestimo si da joj je zaista stalo do vječnog života svakog umirućeg i da je umirućem u trenucima smrti, više nego ikad, majka.

Svaki umirući može i u posljednjim satima svojeg života dobiti priliku učiniti Bogu draga djela i tako sa sobom u vječnost ponijeti nepropadljivo blago (Mt 6,19-21). Ako mu Gospodin po našim molitvama, po prikazivanju Misa ili po našem svjedočenju dadne milost da *srcem poželi*: *zahvaliti Bogu* i bližnjima na svakom dobru koje je primio, *oprostiti* svima koji su ga na bilo koji način povrijedili te *blagosloviti i moliti* za one koji su u potrebi spasenja – sakupit će veliko blago. Duboka zahvalnost prema Bogu i bližnjima koji su nam činili dobro, iskreno oproštenje onima koji su nas povrijedili i žarka molitva za potrebne plodovi su iskrena izmirenja s Bogom. Zato nemojmo od Boga tražiti samo izmirenje već ga zamolimo da umirućemu podari milost zahvaljivanja, praštanja i blagoslivljanja.

Za umiruće nije zainteresiran samo Bog već je za njih itekako zainteresiran i Đavao. On, preko svojih slugu, nastoji umirućeg odgovoriti od toga da od Boga traži milosti, nastoji Ga što više optuživati i u umirućem jačati osjećaje odbačenosti. Jednako tako, Đavao pokušava u umirućeg 'upumpati' što više ponosa i uvjeriti ga da se ni pred kime ne treba ponižavati i da svoje grijehe ne treba nikome otkrivati, pogotovo ne „nekom grešnom svećeniku". Đavao će učiniti sve da pridobije misli i osjećaje umirućega i tako ga odvrati od spasenja. Kad prikazujem Mise za umirućeg, nastojim Bogu prikazivati i vlastite žrtve jer znam da su žrtve prikazane iz čiste ljubavi prema umirućemu najmoćnije oružje koje Đavla udaljuje od njega.

Znam da je prikazivanje Mise za umiruće Bogu silno drago djelo, znam da time surađujem s njegovom milošću na poseban način, no ipak me na taj čin najviše motivira duboka nutarnja potreba umirućeg. U dubini duše znam da ću se u raju silno radovati kad sretnem nekog od onih kojima sam barem malo pripomogao da tamo dođu. Zbog svega toga osmislio sam meditacije *Želim da živiš* (knjigu i mobilnu aplikaciju) koje su namijenjene teškim bolesnicima i umirućima s ciljem da ih približe Bogu i spasenju.

Otkupljenje od bolesti

Izaija piše da je vidio Isusa koji je svojom žrtvom učinio za bolesnike različite stvari:

- ponio je naše bolesti (to možemo shvatiti i ovako: dao nam je smisao)
- platio je kaznu za naše grijehe uključujući i one zbog kojih je bolest možda nastala ili uznapredovala (mržnja, ogorčenost, neopraštanje, samosažaljenje, samookrivljavanje, neumjerenost u jelu ili piću, pušenje, droge, okultizam...)
- svojim nas je ranama iscijelio (Iz 53,4-5).

Ishod Isusova otkupljenja može biti različit i uvijek je blagoslov za bolesnika. On može biti:

- ozdravljenje
- spoznaja smisla trpljenja
- prihvaćanje spasenja po oproštenju grijeha, prihvaćanje odlaska u nebo.

Misal sadrži obrazac Mise za bolesnike, koji nudi dvije mogućnosti zborne molitve. U jednoj molimo da Bog *ozdravi* bolesnika i vrati ga prijašnjim dužnostima, a u drugoj da mu *podari spoznaju smisla trpljenja*. Kad je u pitanju ozdravljenje, jasno nam je o čemu se radi, no često ne razumijemo bit zadobivanja spoznaje smisla trpljenja. Naime, bolesniku možemo progovoriti o vrijednosti trpljenja sjedinjena s Isusovim trpljenjem na križu i on će umom zasigurno razumjeti o čemu se tu radi, no samo razumijevanje neće donijeti prihvaćanje srcem, neće donijeti nutarnji mir. Prihvaćanje, nutarnju radost i mir donosi milosna spoznaja prave vrijednosti prikazanja vlastitih trpljenja za obraćenje grešnika i za svaku drugu pomoć potrebnima. Spoznaja je gotovo uvijek povezana s iskustvom. Bog tu spoznaju nudi i onima koji trpe zbog bolesti drage im osobe jer u nekim situacijama, primjerice otac ili majka trpe više od samog bolesnog djeteta.

Postoje bolesnici za koje Bog zna da im je bolje umrijeti u stanju milosti nego ozdraviti. Naime, oni bi se nakon ozdravljenja vratili starom načinu života i izgubili spasenje (najčešće zato što nemaju dobre temelje vjere), i zato je dobro da ih u tom njihovu životnom vrhuncu vjere Gospodin pozove k sebi.

Budući da nas prikazivanje Mise za otkupljenje od bolesti neminovno dovodi do razmišljanja o smislu i vrijednosti ljudskog života, ono nas može dovesti i do dubljeg osobnog obraćenja i dubljeg intimnog odnosa s Bogom.

Taj nas dublji odnos dovodi i do toga da počnemo razumijevati svoju odgovornost za izgubljeno zdravlje (ako ona postoji) i odgovornost za prilike koje imamo u razdobljima kad smo zdravi. To je nužno za duhovni rast, ali i zato da mognemo zadržati zdravlje ako ga po otkupljenju primimo.

Važno je imati na umu da je liječenje mnogih bolesti nužno povezano s primanjem lijekova koji mogu znatno utjecati na sposobnost bolesnika da kvalitetno moli sam za sebe. Zbog toga je molitva za bolesnike, posebno prikazivanje misne žrtve za njihovo otkupljenje, nešto što bi svakome vjerniku trebalo biti na srcu.

Što se tiče odnosa prema liječnicima i liječenju, i ovdje vrijede isti principi koji su navedeni u poglavlju *Oslobođenje od strahova, nemira i tjeskobe.*

Otkupljenje od boli, rana srca

Izaija navodi da je Isus na sebe uzeo naše boli. Smatram da se tu prvenstveno misli na duševne boli (poput osjećaja odbačenosti, krivnje, neželjenosti, manje vrijednosti, usamljenosti, ogorčenosti, nepravde...), no i na svaku drugu bol, uključujući fizičku.

Po misnom otkupljenju možemo zadobiti spoznaju smisla boli, možemo postati svjesni vlastite odgovornosti (nužnosti pokajanja i nužnosti opraštanja onima koji su nas povrijedili), možemo od boli biti oslobođeni (iscijeljeni). Duševne boli ponekad uzimaju životnu radost i mogu vrlo negativno utjecati na cjelokupni život, mogu bitno utjecati na cjelokupno zdravlje, ali i na odnose unutar braka i obitelji.

Duševne boli često uzrokuju ili u bitnome doprinose pojavi nemira, strahova, tjeskoba te raznih vrsta psihoza.

Tijekom cijele Svete Mise možemo prebivati u Bogu, prebivati u njegovu miru, slušati i primati njegove svete riječi. Isusov mir, koji svijet ne poznaje i ne može dati, i njegove svete riječi, njegova milost – ulaze u našu ranjenu dušu poput infuzije, poput sokova koji iz trsa ulaze u lozu i donose život. Jedino nas Bog poznaje do kraja i jedino on može iscijeliti i osloboditi našu dušu i dati joj dubok nutarnji mir i radost. Zato je i za ovu nakanu silno važna dobra priprema.

Oslobođenje od grešne ovisnosti

Ako unatoč višestrukom iskrenom kajanju, pokori i ispovijedanju, stalno iznova padamo u isti grijeh, postoji mogućnost da nas je taj grijeh zarobio. U tom nam je slučaju potrebno oslobođenje.

Oslobođenje primamo po otkupljenju. Misnu žrtvu s nakanom otkupljenja i oslobođenja od zarobljenosti pojedinim grijehom možemo prikazivati za sebe, ali i za druge, posebno za svoje bližnje. U današnje vrijeme mnogi olako postaju zarobljeni: pušenjem, alkoholom, neumjerenošću u jelu, drogama, pornografijom, pedofilijom, homoseksualnošću, kockom, klađenjima i drugim igrama na sreću; pretjeranim kupovanjem, ogovaranjem, klevetanjem i osuđivanjem; prostačenjem i psovkom; internetom, televizijom, raznim elektronskim igricama te najrazličitijim drugim ovisnostima, svezanostima i navezanostima.

Ti problemi često razaraju naše duhovno, duševno i tjelesno zdravlje, uništavaju brakove i obitelji, a mogu nas odvesti i u vječnu osudu. Mnogi takvi problemi imaju svoj korijen u teškim životnim situacijama koje smo proživjeli u najranijoj mladosti, posebno u onima u kojima smo se osjećali odbačenima, neželjenima, manje vrijednima i/ili krivima. Zato je vrlo važno učiniti dobru pripremu za Misu, koja će oraspoložiti naše srce za primanje milosti nutarnjeg iscjeljenja, opraštanja i oslobođenja. Ponekad ćemo na takve nakane morati Misu prikazivati više puta (osobito kad je korijen problema u dubokim duševnim ranama), svjesni da nas Bog postupno iscjeljuje, oslobađa i uvodi u mir.

(KKC 1363; Rim 6,16-17; Rim 7,14-25)

Obraćenje grešnika

Svaki čovjek treba obraćenje: ono prvo, u kojem će se srcem odlučiti za Boga, i ono drugo, trajno, u kojem će milošću Božjom nastojati postati sve boljim i boljim čovjekom.

Kad za to molimo i prikazujemo Isusovu žrtvu Ocu, tada možemo biti apsolutno sigurni da molimo za nešto što je u potpunosti u skladu s Božjom voljom.

Bog ne može nikoga prisiliti na obraćenje, no on onoga za koga prikazujemo našim posredovanjem može snažno privlačiti k sebi, k svojoj ljubavi. To „privlačenje" uvelike ovisi o tome koliko nam je stalo do njihova obraćenja, koliko ljubimo. Ta se ljubav razbuktava i pretvara u „privlačenje" u trenucima kad molimo, kad prikazujemo Svete Mise, te kad, po svojoj slobodnoj volji, prikazujemo određene žrtve.

Bog kroz Isusovu žrtvu otkupljuje one za koje prikazujemo od svega što ih je, u srcu i razumu, otuđilo od njega, a kroz molitvu (koja se događa u pripremi, ali i tijekom cijele Svete Mise) te kroz naše osobne žrtve (post, odricanje od društvenih mreža ili nečega drugoga što nam je drago...) izlijeva svoju milost poput infuzije i privlači ih k sebi. Što je ta „infuzija milosti" jača i trajnija, to su šanse da se osoba z koju prikazujemo Isusovu žrtvu odluči za Boga veće.

Misu, za prvo obraćenje, prikazivat ćemo tako dugo dok ne iskusimo da smo uslišani. Plodovi će ponekad doći odmah, ponekad u određenom vremenskom razmaku, a ponekad će se to prvo, temeljno obraćenje dogoditi tek pred smrt osobe za koju prikazujemo. Bog u svojoj providnosti, u svojoj ljubavi zna najbolje vrijeme i najbolji način na koji će se to dogoditi.

Kad vidimo da se je dogodilo to prvo, temeljno obraćenje, nastavimo moliti, prikazivati misnu žrtvu i vlastite žrtve za drugo, trajno obraćenje, već prema tome kako nas Duh vodi.

Ovo je posebno važno za roditelje u poodmakloj životnoj dobi, koji u svojoj starosti imaju dovoljno mudrosti da razumiju što je njihovoj djeci, koja su u međuvremenu i sama postala roditelji, najpotrebnije.

Zadobivanje blagoslova u životnim pozivima

Prikazivanje misne žrtve važno je i za ostvarivanje životnih poziva i posebnih životnih zadaća. Ponekad nam na putu ostvarenja životnog poslanja stoji samo jedna prepreka koje se ne možemo osloboditi sami. Zato je silno važno prikazivati misnu žrtvu za otkupljenje od svega što nas priječi da ostvarimo svoja životna poslanja. Biti dobar svećenik, redovnik, redovnica, supružnik, otac, majka, sin, kći, prijatelj; biti dobar čovjek u svojem zvanju i u svojem zanimanju – nemoguće je bez Božje milosti. Samo nas milost može učinkovito osloboditi, odgajati, hrabriti, podizati, usmjeravati, štititi, jačati, liječiti...

Nadoknada štete

Grijeh je nepravda koja uvijek nanosi štetu, bilo nama, bilo nekome drugome. Primjerice, ako smo nekoga financijski teško oštetili i nakon toga se pokajali i štetu odlučili nadoknaditi, to jednim dijelom možemo učiniti tako da nadoknadimo novčanu vrijednost štete. Ali kako ćemo oštećenoj osobi nadoknaditi razočaranje, bol, žalost i druge duševne boli koje smo joj prouzročili svojim grijehom (krađom, prijevarom, otimačinom, nemarom...)? Dobra je vijest da nema te štete koju možemo počiniti svojim grijesima, a da je Bog ne bi mogao otkupiti, odnosno okrenuti je na dobro onome koga smo oštetili. Po našem iskrenom prikazivanju misne žrtve za otkupljenje od posljedica koje smo nekome nanijeli svojim grijehom, Bog može na sebe uzeti boli koje smo prouzročili sebi i drugima. Bog može dati milost iscjeljenja srca, može dati milost da onaj koga smo povrijedili opet pronađe mir u duši, milost da opet uspostavi odnos povjerenja s nama, milost da oprosti u dubini duše. Bog toj osobi može nadoknaditi štetu i u 'nekoj drugoj valuti', odnosno može joj dati ono što joj je još potrebnije. Što god s vjerom zatražimo za one koje smo grijesima ranili dogodit će se (Mk 11,24; Iv 14,13; Iv 15,7; Iv 16,23).

Ponekad nećemo nakon ispovijedi pronaći mir sve dok svojom pokorom, odnosno molitvama, prikazivanjem misne žrtve i vlastitih žrtava, ne postignemo milost za onoga koga smo svojim grijehom ranili.

Bilo bi dobro da nakon naročito teškog grijeha, poput abortusa, prikazujemo misnu žrtvu i za druge koji se nalaze u istoj kušnji ili će se u njoj nalaziti. Tako ćemo im pomoći da tu kušnju pobijede ili da, ako su joj podlegli, pronađu mir u skrušenoj ispovijedi. Nadoknada štete je izraz stvarnog kajanja, izraz prave ljubavi prema Bogu i bližnjemu i često najbolja vrsta pokore za počinjene grijehe. Nadoknada štete nas uvodi u stvarnost težine grijehâ i tako nas štiti od toga da ih ponavljamo.

Dobro je u nadoknadu štete uključiti i prikazivanje vlastitih žrtvi. Tako, primjerice u slučaju abortusa možemo kroz misijski ili neki drugi fond školovati jedno dijete u Africi. Naravno da naše žrtve trebaju biti učinjene iz čiste ljubavi i u što većoj tajnosti. Posvjedočiti trebamo samo onda kada svojim svjedočenjem možemo nekome pomoći da se odluči učiniti isto ili nešto slično.

Zadobivanje materijalnih blagoslova

Naš se nebeski Otac brine za nas i želi da uvijek i u svemu imamo dovoljno svega, da živimo dostojanstveno. On želi da imamo i viška materijalnih i novčanih dobara kako bismo ih mogli dijeliti s onima koji su u većoj potrebi od nas (2 Kor 9,8). Vjernik koji Isusa iz evanđelja poznaje osobno zna koje su granice kršćanskog dostojanstva u raspolaganju materijalnim dobrima, zna biti mudar u trošenju i davanju. On zna da dobra kojima raspolaže nisu njegova, nego mu ih je povjerio Bog. Zna da ih nije dobio, bez obzira koliko se trudio steći ih, kako bi ih gomilao i trošio u vlastitim požudama, već kako bi njima blagoslivljao one koji su u potrebi.

Plod prikazivanja misne žrtve za zadobivanje materijalnog blagoslova je i promjena srca koja nas u upravljanju povjerenim blagoslovima čini dostojanstvenima. Ponekad ne primamo, kako piše apostol Jakov, zato što tražimo kako bismo potrošili u svojim požudama (Jak 4,3). Neke od najteže prepoznatljivih grešnih požuda su: želja za posjedovanjem, želja za vlašću, kontrolom i moći.

Razlog dugotrajnih i nerješivih materijalnih i financijskih

problema može biti u nutarnjim odlukama, u zakletvama koje smo izrekli na svoju štetu. Osobno itekako dobro znam da je ovo uistinu moguće. Možda smo u ranom djetinjstvu bili ponižavani zbog neimaštine te smo u jednom trenutku razočaranja duboko u sebi odlučili da ne želimo ništa imati – svojom smo voljom čvrsto odlučili da želimo biti siromašni kako bismo izbjegli daljnja razočaranja. Neki su si time odredili cijeli život i neće moći zakoračiti u materijalni ili financijski blagoslov sve dok ih Isus ne otkupi od njihove duboke nutarnje odluke. Neki su tako, primjerice odlučili da se nikad neće udavati, ženiti ili imati djece. To su davno zaboravili, no njihova je nutarnja odluka itekako aktivna i priječi ih u ostvarivanju blagoslova. Neki su opet odlučili da će učiniti sve kako bi jednog dana bili bogati i zbog toga neće moći prestati zgrtati bogatstvo dokle god ih Božja milost ne oslobodi.

Blagoslov može biti zapriječen i negativnim stavovima i očekivanjima te negativnim riječima osobâ koje su u djetinjstvu imale autoritet nad nama, poput naših roditelja, učitelja, svećenika... Neki su, nažalost, još uvijek pod utjecajem nesmotrenih riječi poput: „Ti nikad nećeš uspjeti ni u čemu! Ti ćeš uvijek biti gladan kruha! Ti si potpuno nesposoban da si išta zaradiš!..."

Ponekad smo samo zarobljeni strahovima, osjećajima krivnje i manje vrijednosti...

Isus nas od svega toga može i hoće otkupiti. Ponavljam, on želi da imamo dovoljno svega i, još više, želi da dajemo, da pomažemo onima koji nemaju a nužno im je potrebno kako bi mogli živjeti dostojanstveno.

Zadobivanje blagoslova u međuljudskim vezama

Čovjek može biti zarobljen i na druge načine, primjerice razrušenim međuljudskim odnosima u braku, u obitelji, na radnom mjestu... Mnoge okolnosti mogu dovesti do toga da dvije ili više osoba međusobno ne razgovaraju, da jedni druge ne shvaćaju i ne prihvaćaju, da se osjećaju odbačeno, da se međusobno osuđuju ili čak mrze, da žive u strahu jedni od drugih... Osobno mislim da se tu otkupljenje najčešće događa kao proces prebivanja u Božjoj otkupljujućoj ljubavi. Prebivanje u Bogu, u milosti njegova mira, zacjeljuje rane i omogućava nam da možemo oprostiti, da možemo jasnije vidjeti zašto se tako ponašamo, da možemo moliti vjerom srca, da možemo prihvatiti bližnjega i ljubiti ga onakva kakav jest, da možemo iskusiti Božju zaštitu. Također, prebivanje u Bogu omogućava nam da prepoznamo veze koje nam štete i iz kojih trebamo izaći. Ponekad smo toliko navezani na neku osobu, ili je neka osoba navezana na nas, da moramo tražiti otkupljenje iz tog grešnog odnosa.

Duhovna snaga

Na početku Svete Mise, u pokajničkom činu, priznajemo svoje grijehe i grešne sklonosti s kojima se borimo teško, a ponekad i bezuspješno. Priznajemo i svoju slabu volju: činimo premalo dobroga, premalo se žrtvujemo, premalo vremena provodimo s Bogom i u Bogu. Priznajemo da je naša ljubav prema bližnjima daleko od ljubavi kakvu bismo htjeli imati i iskazivati. Priznajemo da nam je potrebna Božja mudrost kako bismo mogli donositi dobre odluke. Zato dolazimo na Misu i kako bismo primili milost, kako bismo primili duhovnu snagu da se možemo oduprijeti zlu i da se možemo odlučivati za dobro. Dolazimo na Misu kako bismo ušli u Boga, kako bi njegova Riječ ušla u nas i ostala u nama, kako bismo i nakon Mise još dugo ostali u njemu. Dolazimo kako bi nas Isusova milost otkupila od utjecaja tijela i svijeta.

Oslobođenje i zaštita od demonskih utjecaja

Znamo da postoje osobe koje se bave raznim okultnim praksama kojima nanose štetu drugim ljudima. Te osobe teško da mogu naštetiti onima koji imaju izgrađen osobni, prisni odnos s Bogom i koji su navikli na duhovne borbe (*Ef* 6,10-20). Sigurno je da okultne prakse mogu štetiti na razne načine, no do najvećih problema dolazi kad se pomoć potraži na krivom mjestu. Tada se gotovo redovito sazna za navodnog krivca nastalih problema te dolazi do onog što Đavao zapravo želi postići: do osuđivanja, ogorčenosti pa čak i mržnje, dolazi do razaranja duše.

Kad prikazujemo Svete Mise za otkupljenje i oslobođenje od demonskih utjecaja, važno je znati da je u tom procesu nužno: da istinski praštamo onima koji su griješili ili griješe protiv nas, da ih blagoslivljamo i za njih molimo te da ne pokušavamo saznati o kome se radi ako zaista nismo spremni ljubiti neprijatelje. Također je važno shvatiti kako postoji mogućnost da smo stradali zato što nismo imali dovoljno dobar osobni intimni odnos s Bogom. Važno je da se za to pokajemo i odlučimo da ćemo taj odnos početi intenzivnije graditi. Ako ga ne izgradimo, tada slobodu koju ćemo primiti po otkupljenju nećemo moći dugo zadržati ili je uopće nećemo moći postići.

Važno je da se za prikazanje Mise kvalitetno pripremimo. Bez toga ne možemo postići ono što tražimo.

Rast u darovima i plodovima Duha Svetoga

Po prikazivanju misnih nakana za sebe i za druge, po intenzivnom prebivanju u Božjoj milosti, Bog nas čini novima, sve sličnijima sebi. Zato se u zadobivanje duhovnih dobara ubraja i rast (usavršavanje) u plodovima Duha: ljubav, radost, mir, velikodušnost, uslužnost, dobrota, vjernost, blagost, uzdržljivost, krotkost, darežljivost... (Gal 5,22). Taj stalni rast u plodovima Duha, ta stalna promjena srca, to stalno obraćenje i posvećenje treba nam predstavljati jedan od najsnažnijih motiva djelatnog i plodonosnog sudjelovanja u Svetoj Misi. Kvalitetna promjena srca silno raduje Gospodina, no i sve one s kojima živimo, a najviše bi trebala radovati nas same.

Sveta Misa i Božja riječ

Isus, osim u tijelu i krvi, na Svetoj Misi dolazi i kao utjelovljena Božja riječ. Svi znamo koliko nam je važno od osoba koje su nam bitne čuti riječi potpore, utjehe, ohrabrenja, opomene; riječi poštovanja, ljubavi, priznanja, pohvale, savjeta... Tko ne bi htio takve riječi čuti od Boga, pogotovo kad se nalazimo u teškim životnim situacijama?!

Božja nam je riječ ponekad jedini lijek i jedina utjeha. U mnogim životnim situacijama jedino nam ona može donijeti nadu, mir i ozdravljenje (Ps 107,20), jedino nam ona može pomoći donijeti pravu odluku. Božjom je riječju sve stvoreno i ta ista riječ može u nama stvarati, obnavljati, liječiti, oslobađati...

Božja riječ (*Biblija*, *Sveto pismo*) u misnom je slavlju od najveće važnosti. Iz nje se uzimaju čitanja koja se tumače u homiliji i psalmi koji se pjevaju; njome su nadahnute i prožete molitve, zazivi i liturgijske pjesme; od nje dobivaju značenje čini i znakovi (KKC 1100).

Isus je utjelovljena Božja riječ i zato kad primamo Riječ, primamo njega (Iv 1,1-15), kad poznajemo Riječ, poznajemo

Isusovo srce (KKC 112). Zato Riječ primljena u srce može činiti nadnaravne stvari na duhu, duši i tijelu.

Na Svetoj Misi Bog progovara našem razumu, ali i našem nutarnjem čovjeku.

Važno je da na Misu idemo sa stavom da je Bogu bitan svatko od nas, da vidi svaku našu potrebu i da želi govoriti svakome osobno. Ponovio bih sljedeće: Bog je sve ljude stvorio kako bi živjeli vječno. Stavio nas je u ovaj svijet kako bismo ovim kratkim životom odredili svoju vječnu sudbinu i zbog toga mu je važan svaki trenutak našeg života. Zato je spreman umiješati se u svaku životnu situaciju u koju ga želimo pozvati, i itekako je spreman govoriti nam osobno.

Može li nas utješiti, ohrabriti, opomenuti, naučiti, voditi... ako nam ne progovori?

Na svakoj Svetoj Misi Sijač (Bog) sije svoju Riječ kako bi ona u našim životima donijela višestruk rod (KKC 1101). Zato je dobro da prispodobu o sijaču dobro upišemo u razum i srce.

Prispodoba o sijaču
Kad se skupio silan svijet te iz svakoga grada nagrnuše k njemu, prozbori u prispodobi:

»Iziđe sijač sijati sjeme. Dok je sijao, jedno pade uz put, bî pogaženo i ptice ga nebeske pozobaše. Drugo pade na kamen i, tek što je izniklo, osuši se jer ne imaše vlage. Drugo opet pade među trnje i trnje ga preraste i uguši. Drugo napokon pade u dobru zemlju, nikne i urodi stostrukim plodom.« Rekavši to, povika: »Tko ima uši da čuje, neka čuje!«

»A ovo je prispodoba: Sjeme je Riječ Božja. Oni uz put slušatelji su. Zatim dolazi Đavao i odnosi Riječ iz srca njihova da ne bi

povjerovali i spasili se. A na kamenu – to su oni koji kad čuju, s radošću prime Riječ, ali korijena nemaju: ti neko vrijeme vjeruju, a u vrijeme kušnje otpadnu. A što pade u trnje – to su oni koji poslušaju, ali poneseni brigama, bogatstvom i nasladama života, uguše se i ne dorode roda. Ono pak u dobroj zemlji – to su oni koji u plemenitu i dobru srcu slušaju Riječ, zadrže je i donose rod u ustrajnosti.«

Lk 8,4-8;11-15 (Mt 13,1-9; Mk 4,1-9)

Mnogo smo puta čuli riječi koje smo *primili s radošću*, koje su nas dotaknule na poseban način; riječi o kojima smo počeli razmišljati, koje su potaknule našu maštu, volju i osjećaje (KKC 2708). Mnoge od tih riječi potaknule su nas da surađujemo s milošću na poseban način, na vremenitu i/ili vječnu korist. No prečesto nismo u tome uspjeli *ustrajati*, nismo uspjeli *sačuvati* Riječ, *zadržati ju* u srcu i nismo donijeli rod.

Bog čezne za time da nam osobno progovori jer zna koliko su nam njegove riječi potrebne, koliku snagu imaju kad se nastane i ostanu u srcu. Isus izričito želi da ga ljubimo tako da naučimo primati i sačuvati njegovu riječ u srcu, da naučimo živjeti od Riječi (Iv 14,23-24; Mt 4,4). Božja riječ, sačuvana u srcu, otvara prostor djelovanju Duha – razvija u nama njegove plodove i darove po kojima postajemo blagoslov sebi i drugima.

Ne postoji životna situacija koju Božja svemoguća riječ ne bi mogla pretvoriti u blagoslov.

Na svakoj Svetoj Misi čujemo mnogo svetih riječi, uzetih iz *Svetog pisma* ili nadahnutih njime. Svaka od tih riječi može postati uistinu poseban blagoslov onome *tko ih u srcu čuje i sačuva.*

Ako želimo čuti, odnosno prepoznati riječi koje nam Bog želi posebno naglasiti, kojima nas želi dotaknuti na poseban način, nemojmo očekivati gromoglasan, snažan govor popraćen osjetilnim, emotivnim ili bilo kakvim drugim očitovanjima, iako se može dogoditi i to. Naučimo slušati u miru i tišini srca, potpuno usredotočeni na riječi koje slušamo ili izgovaramo. Neka naša nutrina bude poput mirne površine vode na kojoj ćemo lako primijetiti i najmanji doticaj. Kao što kvaliteta biljke ne ovisi o jačini buke uz koju je njeno sjeme prilikom sjetve palo na zemlju, tako ni važnost Božjih riječi ne trebamo uspoređivati s intenzitetom kojim smo ih iskusili. Naučio sam da riječi koje u nutrini odzvone jedva primjetno ponekad mogu imati veću važnost od onih koje su odzvonile većim intenzitetom.

Trebamo živjeti od riječi koja izlazi iz Božjih usta, trebamo čeznuti za riječima upućenima nama osobno, ali ne s napetim iščekivanjem, već s mirnim predanjem, s pouzdanjem da će nam Bog progovoriti u pravi trenutak i na pravi način. Dio neophodne pripreme za Svetu Misu jest ulazak u Božju prisutnost. U njoj možemo postići tišinu srca, smiriti svoje osjećaje (bilo pozitivne, bilo negativne) i zadržati svoju pažnju na onome što se događa u liturgiji, odnosno na riječima, činima i znakovima (KKC 1098; SC 11) – na onome koga u liturgiji susrećemo i u koga ulazimo, na Bogu.

Kad pažnju usmjerimo na Boga, naši osjećaji, misli i volja dolaze u mir u kojem možemo *blagovati Riječ*.

Kako nam Bog osobno govori? Evo nekih načina.

Riječ odzvanja u srcu

Duh Sveti čini da pojedine riječi čujemo „drugačije", da one na poseban način zaokupe našu pažnju, da ih razlučimo od ostalih (KKC 2706). Prepoznajemo ih po tome što pokreću razmišljanje, zamišljanje (maštanje), osjećaje, volju (KKC 2708).

Na sličan nas način Bog blagoslivlja preko roditelja ili preko osoba koje su nam važne. Iako smo od njih možda mnogo puta čuli iste riječi ohrabrenja, utjehe ili dobronamjerne opomene (kao što većinu riječi na Svetoj Misi slušamo stalno iznova), u određenim smo ih trenucima čuli na *drugačiji način* i od tada su postale dio nas. Od njih možemo cijeli život crpiti blagoslov. Te su se riječi razlikovale po tome što su nas u sasvim konkretnoj situaciji, u sasvim konkretnom trenutku potaknule na razmišljanje, na zamišljanje dobroga o kojem su govorile. One su u nama probudile određene osjećaje i dale nam volju da svoj život usmjerimo prema njima (KKC 2708).

Na žalost, čuli smo i negativne riječi koje su nam, ako smo se prema njima odnosili na isti ovaj način, donijele mnogo štete.

Jednom sam se našao u poslovnoj situaciji koja je za mene mogla završiti loše. Otišao sam na jutarnju Misu, predao Gospodinu tu situaciju i sabrano, u miru slušao iščekujući da mi Gospodin progovori. Čekao sam potvrdu da je Gospodin prihvatio moju molitvu. No, sve su riječi u mom srcu odjekivale jednako. Sve do kraja Mise, kada su me sasvim neočekivano dotakle zadnje svećenikove riječi: „Idite u miru!" Tog sam trenutka znao da me je Bog uslišao i da će sve biti u redu. Zahvalio sam mu i tako je i bilo.

Nedavno sam 'zapeo' s korekcijom nekih dijelova knjige i nisam znao kako da ih dovršim. A onda mi je na jutarnjoj Misi odzvonila *darovna molitva*: *„Udijeli nam, molimo, Gospodine, da te uvijek hvalimo ovim vazmenim otajstvima. U njima nas trajno ispravljaš: daj da nam budu izvor vječne radosti. Po Kristu."* U tom sam trenutku znao da ću nastaviti s pisanjem bez ikakvih problema. Tako je i bilo kad sam nakon Mise došao kući i sjeo za računalo.

Na Svetoj Misi *na poseban način* čujem i riječi koje mi daju odgovore na pitanja kojih u srcu uvijek imam. Pitanja koja su rezultat mojih promišljanja o Bogu i životu dodatni su mi motiv za slušanje Božjih *odgovora*. Riječi koje čujem često otvaraju nova pitanja o kojima do tada nisam razmišljao i koja mi otvaraju neku novu dimenziju odnosa s Bogom.

Na Svetoj Misi na takav način iskusim i riječi koje me opominju, uzdižu, tješe, usmjeravaju...

Gospodin me je i u pisanju ove knjige vodio kroz mnogo Misa.

Bog nadahnjuje svećenika

Mnogi vjernici mogu posvjedočiti da je svećenik na Svetoj Misi govorio točno o onome što su trebali čuti u svojoj trenutnoj životnoj situaciji, na način na koji su mogli razumjeti i prihvatiti. Mnogima se je od nas više puta činilo da je svećenik te riječi koje su nas dotakle izgovorio drukčije, da ih je na neki način posebno naglasio. Bog je htio da njegove riječi na taj način uzbude naše srce.

Mnogo sam puta doživio da me je nešto što je svećenik spomenuo u propovijedi učvrstilo u vjeri; mnogo sam puta naučio nešto novo o Bogu i Crkvi. Više sam puta bio potaknut da nakon Mise nastavim razmatrati neku temu koju je svećenik u propovijedi samo otvorio ili je usput spomenuo.

Misne homilije s pažnjom slušam od malih nogu tako da sam do sada naučio mnogo toga. Uvijek sam sretan kad ono što sam usvojio mogu primijeniti u svakodnevnom životu. Zahvaljujući činjenici da se mnogi svećenici daju s ljubavlju te svojim vjernicima prenose svoja znanja i iskustva, mnogi su laici itekako osposobljeni poučavati i voditi pojedince koji imaju slabije znanje i manje vjerskog iskustva.

Bog nam govori izravno

Bog po svome Duhu govori i tako da njegove riječi izgovorene samo nama, jasno čujemo u srcu. To se događa rijetko i zato takve riječi najviše pamtimo, njih najviše razmatramo i gotovo ih nikad ne zaboravljamo.

Na samom početku služenja u evangelizaciji našao sam se u teškoj situaciji. Bog mi je tada jasno progovorio riječi za koje sam znao da su zapisane negdje u *Bibliji*. Bile su to riječi iz *Otkrivenja*:

Znam tvoja djela. Evo, otvorio sam pred tobom vrata kojih nitko zatvoriti ne može. Doista, malena je tvoja snaga, a očuvao si moju riječ i nisi zatajio mog imena.
Otk *3,8*

Te su svete riječi u mom životu donijele višestruk rod. Mnogo su mi puta otvorile vrata na čudesan način, donijele mi mir i radost u srce. Zato tim riječima pridajem posebnu pažnju i težinu. One su u mnogočemu usmjerile moj hod prema vječnosti.

Sljedeći se je događaj zbio jednom mom prijatelju kojemu je voljena supruga umrla od raka. Nakon sprovoda, potpuno shrvan, došao je u crkvu na sprovodnu Svetu Misu. Pripremajući se za Misu, odjednom je u srcu jasno začuo riječi: „O svi vi, umorni i opterećeni, dođite k meni i ja ću vas odmoriti!" Podigao je oči prema oltaru i ugledao te iste riječi napisane na oltarnoj slici. Odjednom je bio ispunjen dubokim mirom i nutarnjom radošću. Taj mir i radost u njegovu srcu trajali su danima. Čitavim je svojim bićem spoznao da je njegova supruga u raju jer mu je Bog dao kušati samo djelić tog raja.

Bog nam usađuje spoznaje

Ponekad nam Bog za vrijeme Svete Mise *usađuje* određene spoznaje, a da toga nismo svjesni. Postajemo ih svjesni nakon Mise.

Tako se zna dogoditi da nakon Mise imam u srcu snažan dojam da će mi određena nakana biti uslišana, iako na Misi nisam dobio nikakav znak, iako nisam ništa ni čuo ni iskusio na poseban način.

Ponekad jednostavno *znamo* da ćemo taj dan ili vrlo skoro biti nečime blagoslovljeni. Događa se da nakon Mise imamo poticaj učiniti nešto sasvim konkretno, primjerice poticaj da nekoga posjetimo, da za nekoga posebno molimo ili postimo, da nekamo odemo. Ili jednostavno znamo da nešto ne trebamo učiniti, da nešto trebamo izbjeći, da se za nešto trebamo pokajati...

To je rezultat Isusove euharistijske prisutnosti u nama. Euharistijski Isus i na taj način progovara našem nutarnjem čovjeku.

Bog nas podsjeća

Duh Sveti nam progovara i tako da nas u trenutcima Mise podsjeća na određene osobe ili životne situacije. Tako nam u misli dolaze osobe za koje u toj Misi uopće nismo imali namjeru moliti. Neke od njih godinama nismo vidjeli niti smo na njih pomislili. Ponekad se radi o osobama koje znamo samo iz viđenja, osobe kojima ne znamo ni ime.

Duh Sveti me vrlo često podsjeća na pokojnike. Moleći za duše u Čistilištu i prikazujući Mise za njih, jasno mogu primijetiti kako rastem u ljubavi prema Bogu i ljudima. Vjerujem da je taj 'rast u ljubavi' njihov molitveni odgovor na moju zauzetost za njih. Jer tko može bolje od duša u Čistilištu znati što nam je u ovozemaljskom životu najpotrebnije?!

Često nam, pogotovo za vrijeme prikazanja darova, u misli *dolaze* osobe koje se nalaze pred smrću ili u teškim životnim situacijama, osobe koje su odlutale od Boga i od Crkve. Uvijek trebamo biti svjesni da Bog ima povjerenja u naše molitve jer da nema, ne bi nas nadahnjivao da molimo za te ljude.

Bog nas podsjeća na određene osobe i situacije i zato da bi nas potaknuo da, razmišljajući o njima, dođemo do nečega sasvim trećega što nam želi reći. Često su ta *podsjećanja* samo okidači koji pokrenu razmišljanje, maštu, osjećaje i volju u smjeru u kojem nas Duh želi voditi.

Bog nas podsjeća i na grijehe za koje se nismo pokajali, na osobe kojima nismo oprostili, na osobe kojima nešto zamjeramo, na obećanja i zavjete koje nismo ispunili... Naravno, osnovni preduvjet da bismo takvo što mogli čuti je taj da to zaista želimo znati, radi svojeg i tuđeg dobra.

Ta podsjećanja, kad dolaze od Duha Svetoga, ne ometaju praćenje Svete Mise ni na koji način, već nas još dublje uvode u Božju prisutnost.

Bog nam progovara kroz vizije

Vizije mogu pomoći u djelatnom i plodonosnom sudjelovanju u Svetoj Misi.

Moji dragi prijatelji, bračni par, sudjelovali su u Misi na kojoj je njihov sin primao sakrament krizme. Za vrijeme prikazanja darova, majka je iznenada u viziji ugledala Isusa kako joj polako prilazi s mladićem malo starijim od njezina sina koji je primao krizmu. Isus i mladić su joj se smiješili. Mladić joj je izgledao jako poznat, no nikako se nije mogla sjetiti odakle ga poznaje. Kad su joj se posve približili, mladić joj je progovorio: „Mama!" U tom je trenutku vizija nestala, a ona je u srcu prepoznala svoga prvog sina kojeg je izgubila u spontanom pobačaju i kojeg nije preboljela, sve do tada. Kad je mužu ispričala što joj se je dogodilo, oboje su tiho plakali od ganuća. Bog je na toj Svetoj Misi na ovaj čudesan način iscijelio njihovu duboku ranu.

Vizije na Misi mogu u stvarnosti trajati tek djelić sekunde pa ipak u njima možemo u detalje vidjeti čak i cijeli svoj život. U Božjim vizijama nema ograničenja u pogledu prostora i vremena. Ako se događaju za vrijeme liturgije, ne ometaju je, već nas, upravo suprotno, dublje uvode u otajstvo Euharistije.

Sjećam se kako sam kao dječak za vrijeme Svete Mise imao vizije anđela i svetaca. Nisam na to obraćao posebnu pažnju jer sam mislio da ih vide i svi ostali. Mogu sa sigurnošću reći da ono što sam promatrao otvorenih očiju nije nikako bilo plod ni sugestije ni mašte jer te vizije tada nisam niti posebno htio niti sam ih očekivao.

Nedavno sam shvatio da u srcu osuđujem određene pojedince, da ih prečesto spominjem i da to Isusu nije drago. Prikazao sam Svetu Misu na nakanu da mi Gospodin oprosti i dâ mi novo srce za te ljude. U vrijeme prikazanja darova odjednom sam se u viziji našao na nebu i tada sam neke od tih pojedinaca ugledao na višoj poziciji od sebe, s većim dostojanstvom od mojega – bliže Bogu. Promatrajući ih, osjećao sam duboku radost zbog njih. U meni nije bilo ni trunke zavisti ili ljubomore. Dapače, čak sam bio ispunjen radošću i poštovanjem prema onima koji su postigli bolju poziciju u vječnom Božjem kraljevstvu. U nebu svi znaju da je njihova vječna pozicija dosuđena potpuno pravedno i zbog toga nitko nikome ne zavidi. Ta kratka vizija učinila je mnogo dobroga za moj duhovni rast i, konačno, promijenila moj stav o tim ljudima. Tijekom vizije sam jasno znao da sam u nebu, no od neba mi je bilo otkriveno samo onoliko koliko je bilo potrebno za uslišanje moje misne nakane.

Vizije možemo gledati i otvorenih i zatvorenih očiju. One mogu biti toliko jasne da imamo osjećaj kako se nalazimo u nekoj dodatnoj dimenziji u kojoj ne možemo biti u svijetu i tijelu, ili mogu biti toliko teško raspoznatljive da neke detalje vidimo kao u dalekoj magli. Ono što vrijedi za slušanje svetih riječi, vrijedi i ovdje: intenzitet vizije ne mora nužno biti u razmjeru s njezinom važnošću.

Kako prepoznati da nam govori Bog

Kako prepoznati da ono što *čujemo* na bilo koji način dolazi od Boga, a ne od našeg duha ili čak od Đavla? Nekoliko je kriterija po kojima možemo prepoznati da nešto dolazi od Boga.

Jedan od osnovnih kriterija je da me to ne rastresa, već me, upravo suprotno, s Misom još više povezuje.

Vrlo čest kriterij je sumnja. Naime, Božja riječ često u naše srce donosi određenu promjenu ili informacije koje do tada nismo imali. Sasvim je normalno da naša podsvijest na te promjene ili informacije gotovo redovito odgovara sumnjom. Sumnja u tom slučaju nije ništa drugo doli upozorenje naše podsvijesti koja nam sugerira da to što smo čuli ili iskusili, do tada u nama nije postojalo ili je drukčije od informacija i iskustava koja smo imali do tada. Zato je, kada mislimo da nam je Bog progovorio, dobro pričekati nekoliko trenutaka i vidjeti hoćemo li reagirati sumnjom. Sumnja može biti dodatna sigurnost da proživljeno iskustvo ili primljena spoznaja nisu došli iz naše podsvijesti. Ponekad je sumnja vrlo nametljiva i tada mogu iz iskustva razlučiti da dolazi od zloduha, jer Bog nas potiče, on ne nameće.

Nadalje, Bog neće progovoriti nešto što nije u skladu s njegovom riječju zapisanom u *Bibliji*, neće niti osuditi niti optužiti, opomenut će nas, ali nas neće niti poniziti niti povrijediti, neće nas ni na što prisiljavati.

Također, i to je posebno važno znati, Bog nam je spreman više puta govoriti jedno te isto, dokle god to ne budemo spremni čuti i prihvatiti.

Veoma siguran način raspoznavanja izvora su plodovi riječi, spoznaja i iskustava. Ako se ti plodovi nalaze među plodovima Duha, koji su nabrojani u *Poslanici Galaćanima*, odnosno ako su potaknuli pozitivne promjene srca, možemo biti prilično sigurni da nam je govorio Bog (Gal 5,22).

Osobno koristim još jedan filter za razlikovanje duhova. Ako se nakon određenog duhovnog iskustva osjećam poput beskorisnog sluge ili ako ne razmišljam o tome kako sam nešto dobro učinio, već razmišljam o dobru koje se je dogodilo, tada sam prilično siguran da je iskustvo došlo od Boga.

Sposobnost raspoznavanja, razlučivanja produbljuje se s iskustvom. Bog poznaje naše duhovne kapacitete, njemu je drago da budemo razboriti i da provjeravamo. Zato će nam davati pojedine riječi i iskustva uzimajući u obzir da će nam biti potrebno više vremena, a možda i više poticaja kako bismo nešto spoznali i prihvatili.

Božji govor u nama budi zahvalnost i potiče nas da Boga slavimo i blagoslivljamo i u nama stvara čežnju za čitanjem i razmatranjem *Svetog pisma*, čežnju za time da ga što bolje osobno intimno upoznamo, čežnju da što više vremena provodimo s njime nasamo. Ako netko misli da mu na Misi ili u molitvi progovara Bog, a to ga ne potiče da čita i razmatra njegovu riječ u *Svetom pismu*, pogotovo ako k tome ima silnu potrebu drugima prenositi poruke koje navodno prima, tada možemo biti prilično sigurni da mu ne progovara Bog.

Ako patimo od psihičkih poremećaja ili bolesti, potreban je svojevrstan oprez. U tom slučaju nije dobro obraćati pažnju na „izvanredne" informacije jer je podsvijest tada prilično osjetljiva i mnogo onoga što vidimo ili čujemo na izvanredan način zapravo ne dolazi od Boga, već iz same podsvijesti.

Završno o Riječi na Misi

Na Svetoj Misi pojedine se riječi (misni obrasci, molitve, čitanja) izmjenjuju toliko brzo da o njima niti stignemo promišljati niti ih stignemo razmatrati. Zato ako ih želimo učinkovito pratiti razumom i srcem, trebamo ih proučiti i razmatrati prije Svete Mise. Proučavanjem ćemo naučiti njihovo značenje, a razmatranjem iskusiti njihovu bit.

Promišljanje i razmatranje (meditacija) *Biblije*, te misnih obrazaca, standardni je i nužni dio pripreme za djelatno i plodonosno sudjelovanje na Svetoj Misi. Za promišljanje i razmatranje cijele *Biblije* i cijele Mise potrebno je mnogo vremena i truda. Točnije, taj proces traje cijelog života, uvijek se iznova usavršava i nikad nećemo biti dovoljno prosvijetljeni duhom da bismo mogli prestati promišljati i razmatrati.

Ipak, čim počnemo, odmah možemo iskusiti plodove koji nam daju volju da nastavimo i da ne prestanemo.

Svetu Misu promišljanjem, proučavanjem upisujemo u razum, a razmatranjem u srce. Ono što smo jednom upisali u razum možemo razumijevati stalno iznova. Ono što smo razmatranjem jednom upisali u srce, Duh Sveti može stalno iznova buditi, na poseban nas način s time povezivati – bez obzira na brzinu i način na koji se izgovara. Naravno da je poticaje Duha daleko lakše prepoznati ako nam je Riječ posredovana kvalitetnim izgovorom svećenika, pjevača i čitača misnih čitanja.

Trud koji trebamo uložiti za pripremu neće nam predstavljati problem ako na Misu dolazimo kako bismo proveli kvalitetno vrijeme s Bogom i u Bogu, s nakanom da nas to druženje ispunja svakovrsnom milošću potrebnom za život. Mnogo je onih koji sasvim jasno razlikuju dan proživljen iz milosti jutarnje Mise, od dana koji su započeli, a da prvo nisu pronašli mir u Bogu i pouzdanje da će on biti uz njih i da će oni biti s njime.

Crkva nas potiče da od malih nogu razmatramo (meditiramo) jer bez razmatranja nećemo imati plod koji se od nas očekuje. Crkva potiče svećenike da se brinu za vjernike kako bi naučili svakovrsne molitve: razmatranje, unutarnju molitvu, liturgijske molitve, prosidbenu molitvu, molitvu hvale... U molitvenim, liturgijskim i biblijskim grupama iskusni onima manje iskusnima prenose znanje i ljubav prema molitvi i Riječi, prema Euharistiji i drugim vrstama pobožnosti. Takve su grupe vrlo korisna priprema za izvor i vrhunac naše duhovnosti – za Euharistiju.

Kristofori (www.kristofori.hr) održavaju *Školu molitve* koja je raširena po cijeloj Hrvatskoj te u nekoliko drugih zemalja. *Škola* je zamišljena kao cjeloživotni tečaj koji se odvija jednom tjedno u trajanju od dva sata u grupama od po četiri do sedam sudionika. *Škola* (tečaj) bavi se promišljanjem i razmatranjem biblijskih i liturgijskih tekstova te nutarnjom i zastupničkom molitvom, što ju čini dobrom pripremom za Svetu Misu.

Korisna zapažanja o Misi

Danas možemo pronaći lijep broj kvalitetnih tekstova koji govore o redu Svete Mise te tekstova raznih molitava povezanih s Misom: u molitvenicima, na internetskim stranicama župa, na stranicama koje se bave vjerskom tematikom... Jednako tako, postoji dovoljan broj izvrsnih tekstova o svećeništvu i o ulozi svećenika u Misi. Zbog toga sam ovdje odlučio iznijeti samo zapažanja koja su usko povezana s tematikom knjige. Ta su zapažanja plod mog razmatranja i iskustava te plod razmatranja liturgičara čije sam tekstove i predavanja imao prilike čitati, odnosno slušati.

Izgovaranje i slušanje misnih tekstova

Riječi koje se na Misi izgovaraju nisu skup formula koje treba samo izgovoriti na ispravan način kako bi se ispunila određena forma ili dužnost. Ako misne tekstove ne izgovaramo i ne slušamo s razumijevanjem i ako iza onoga što izgovaramo ne stojimo srcem (ako nas to iskreno ne zanima), tada naše sudjelovanje u Misi nije ni izdaleka onako djelatno i plodonosno kako bi to moglo biti.

Mnogi su molitveni zazivi samo osnova u koju trebamo ugraditi, odnosno pridružiti joj: vlastite misli, želje i stavove. Ako smo se dobro pripremili, tada prilikom izgovaranja pojedinog teksta jednostavno u svijest prizovemo (sjetimo se, posvijestimo si) dio pripreme koji s tim tekstom možemo spojiti. Tako, primjerice zazivu *Gospodine, smiluj se* možemo kratko, u mislima dodati svoju misnu nakanu, primjerice situaciju ili osobu kojoj želimo da se Gospodin smiluje. Jednako tako, ako smo potpuno sabrani, Duh Sveti nam, prilikom izgovaranja svakog od tri zaziva *Gospodine, smiluj se*, može u misli donijeti određene osobe o kojima u pripremi za Misu možda nismo uopće razmišljali. Ovo „donošenje u misli" tipičan je način na koji nam Duh Sveti pomaže u molitvi, pogotovo ako nam je stalo da naše sudjelovanje u Svetoj Misi bude na što veću korist i drugima, posebno onima koji nam neće moći uzvratiti.

Dijelove Svete Mise veoma je korisno razmatrati tijekom uobičajenog molitvenog vremena. Korisno ih je razmatrati tako da njihovim zazivima i frazama dodajemo svoje misli i nakane te da Duhu Svetome dopustimo da nam u misli donosi potrebe drugih ljudi. To „donošenje nakana u misli" uvelike nam pomaže u razvijanju osobnog intimnog odnosa s Duhom Svetim i u tome da se oslobodimo vlastite sebičnosti i ograničenosti u kojima molimo samo za sebe i svoje bližnje.

Dakle, važno je da cijelu Misu budemo sabrani kako bismo mogli posvetiti punu pažnju svakoj riječi koju izgovaramo ili slušamo. To će nam uspjeti vrlo rijetko i često ćemo nailaziti na neobjašnjive prepreke. Dogodit će nam se da nam misli odlutaju upravo u onom dijelu Mise u kojem smo htjeli biti najsabraniji, primjerice u *Pokajničkom činu*. Ili se nakon minute ili dvije nećemo moći prisjetiti nečega što smo čuli i razumjeli i što nam se je učinilo važnim za daljnje razmatranje. Također nam se može dogoditi da se, uz svu volju, neposredno nakon Mise ne možemo sjetiti nečega što smo htjeli upamtiti kako bismo poslije Mise nastavili s razmatranjem (meditacijom). Meni se zna dogoditi da se nikako ne mogu sjetiti jednog od misnih čitanja ili neke od misnih molitvi, poput zborne ili prikazne. To mi je dodatni motiv da uložim dodatni napor, prisjetim se 'zaboravljenoga' i još bolje 'utvrdim gradivo'.

Uloga svećenika

Svećenik predstavlja samog Krista. On prinosi Ocu naše molitve i prošnje, prikazuje misnu žrtvu za župsku zajednicu, izgovara Kristove riječi pretvorbe, preko njega nas Bog blagoslivlja i progovara nam.

Kako je lijepo i za vjernike korisno kad je svećenik zaljubljen u liturgiju, kad od Svete Mise živi. Kako je lijepo i za vjernike korisno kad je zaljubljen u Božju riječ, kad je vičan njezinu razmatranju i kad od nje živi. Kako je lijepo i za vjernike korisno kad je svećenik čovjek molitve, kad u njoj neprestano izgrađuje svoj intimni osobni odnos s Bogom i zagovara za stado koje mu je povjerio.

Kako je lijepo kad svećenik djeluje na svoje vjernike *zarazno* (u pozitivnom smislu te riječi). Kad u srcu ima iskustvo Svete Mise, onda u njoj sudjeluje i o njoj govori na *zarazan* način. Isto vrijedi za Božju riječ, molitvu, žrtvu… Ako svećenik u tome ima osobno iskustvo, onda o Riječi, o molitvi, o prihvaćanju i prikazivanju trpljenja govori na *zarazan* način.

Dakle, *zaraza* bi trebala započeti u svećeniku i s njega se širiti na vjernike koji dolaze u crkvu, kako bi je oni onda proširili na ostale ljude dobre volje. *Zaraza (u pozitivnom smislu te riječi)* je izraz kojim možemo najbolje opisati evangelizaciju.

Na svećenicima je prvima zadatak da se pobrinu da vjernici razumiju, iskuse i zavole Svetu Misu. Kad svećenici govore iz vlastita iskustva sudjelovanja u Misi, vjernici ih razumiju i mnogi su ih u tom iskustvu spremni nasljedovati.

Ništa od toga svećenik ne može niti biti niti činiti ako nije naučio i navikao: dolaziti Gospodinu, provoditi vrijeme u Bogu napunjajući se njegovom milošću, ako nije naučio i navikao ostajati u njemu, ako nije naučio rasti u milosti i mudrosti pred Bogom i ljudima.

Crkva nas potiče da učimo razmatrati (meditirati) Božju riječ od malih nogu, kako bismo od nje živjeli. Svećenik zaljubljen u Božju riječ i vičan njezinu razmatranju, tu će ljubav i umješnost razmatranja s lakoćom prenijeti na svoje vjernike.

Zahvaljujem Bogu što sam u najranijoj mladosti imao upravo takve svećenike. Njihova zaljubljenost u Isusovu prisutnost u Euharistiji tako je utjecala na mene da sam često znao dolaziti sâm u crkvu i klanjati se Isusu, posebno kroz euharistijske pjesme: *Klanjam ti se smjerno; Klanjam ti se, Isuse; Moj Isuse; Odzivam se, Isuse...* Zahvaljujem Bogu što sam imao vjeroučitelja svećenika koji je bio zaljubljen u Božju riječ, u *Bibliju* i koji nam je o pojedinim biblijskim knjigama pričao tako da smo ga svi jako rado slušali. Zahvaljujem Bogu i za svoje roditelje i baku, jer su me *zarazili* ljubavlju prema Blaženoj Djevici Mariji, svecima i dušama u Čistilištu, jer su me *zarazili* pouzdanjem u njihovu pomoć. Zahvaljujem za njih jer su kupovali vjerske časopise i knjige, koji su me dodatno *zarazili* ljubavlju prema Bogu, Crkvi i služenju.

Ne bih htio da me tko pogrešno shvati, no primijetio sam da u današnje vrijeme u nekim zemljama u okruženju, pa čak i u nekim našim župama, na Misu dolazi daleko manje djece nego u bliskoj nam prošlosti. Čini mi se da je problem u tome što im vjeronauk predaju vjeroučitelji (bilo svećenici, bilo laici) koji imaju znanje, ali iz nekog razloga u sebi još uvijek nemaju potrebnu *zarazu*.

U jedno sam sasvim siguran: ne postoji ni svećenik ni vjeroučitelj koga je u tu službu, u taj poziv i to poslanje pozvao Bog, za kojega bi bilo prekasno da se, ako je potrebno, vrati svojoj prvoj ljubavi, Bogu (ili mu možda prvi put zaista dođe) i učini sve što je potrebno kako bi se njime *zarazio*. Ako to istinski želi, u tome ga neće moći spriječiti ni godine ni iskustva suhoće vjere koja je prošao. Uvjeren sam da i svaki drugi vjernik može pronaći Boga i *zaraziti* se, samo ako ga potraži svim srcem.

Na svima je nama da molimo i prikazujemo žrtve za svoje svećenike i za vjeroučitelje svoje djece, jer Gospodin može učiniti mnogo dobroga po svećeniku i vjeroučitelju koji je voljen, poštovan i snažno podupiran molitvama svojih vjernika.

Posebno želim naglasiti da smo krštenjem svi postali svećenicima upravo zato da bismo smjeli i mogli Isusovu žrtvu prikazivati Ocu na svoje nakane. Samo zaređeni svećenik može izgovoriti riječi pretvorbe, no svaki vjernik po svom općem ili krsnom svećeništvu može prikazivati Isusovu žrtvu za svoje spasenje i za spasenje drugih. Jednako tako, možemo prikazivati i vlastite žrtve. Zahvalni smo što po Euharistiji možemo sudjelovati u Isusovoj otkupiteljskoj žrtvi, što na taj način možemo primati i drugima posredovati duhovna i vremenita dobra.

Iz iskustva znam da ovakva razmišljanja ne dopiru lako do ljudskog srca i da ih prihvaćamo tek kad ono o čemu govore počnemo kušati.

Tišina

Ovo pišem svećenicima.

Iznimno je važno vjernicima ostaviti dovoljno tišine kako bi ono što su čuli ili izgovorili mogli u razumu shvatiti i u srcu prihvatiti, te kako bi si mogli posvijestiti ili nadopuniti molitvene zazive (one kojima trebamo pridružiti vlastiti smisao). Više je puta dovoljno sa sljedećom misaonom cjelinom pričekati samo nekoliko sekundi. Malo bi više vremena trebalo ostaviti nakon svakog misnog čitanja tako da si vjernici mogu u mislima kratko utvrditi ono što im se u čitanju učinilo važnim zapamtiti, kako bi te riječi mogli sačuvati u srcu (Iv 14,23-24). Za to je u većini slučajeva nakon svakog čitanja dovoljna samo minuta. Ipak, najvažnije je barem nekoliko minuta tišine ostaviti nakon pričesti. U nekim sam crkvama bio ugodno iznenađen tišinom koja je nakon pričesti trajala nekoliko minuta. Nedjeljom i blagdanima zborovi u tim župama pjevaju samo dok traje podjela pričesti, a zatim zavlada potpuna tišina od nekoliko minuta. U to se vrijeme događa najvažniji dio Svete Mise. Stekao sam dojam da vjernici itekako znaju čemu ta tišina služi i da su silno zahvalni za nju. Očigledno ih je župnik *zarazio*. Sveti papa Ivan Pavao II. često je isticao kako je od tih nekoliko minuta tišine, u kojima je uranjao u Boga, uistinu živio. Isto vrijedi za mnoge druge svece, ali i mnoge druge vjernike koji su imali ili imaju povlasticu u šutnji iskusiti susret sa svojim Spasiteljem i Otkupiteljem.

Ukupno vrijeme koje bismo u Svetoj Misi trebali provesti u tišini iznosi od pet do najviše deset minuta. Kako se nedjeljne i blagdanska Misa ne bi morale produljivati (što je bitno jedino u crkvama u kojima se služi više Misa uzastopce), može se skratiti homilija, pogotovo one 'ulazne' i 'završne', te nepotrebno dugi oglasi, koji se u cijelosti mogu objaviti na internetu ili u župskom listiću.

Što se tiče svakodnevne Mise, zašto ona ne bi trajala pet minuta duže? Tih je dodatnih pet minuta silno važno za djelatno i plodonosno sudjelovanje.

I ovdje bih želio naglasiti, kao što to često činim, da su Svete Mise potpuno važeće i onda kada se ne služe po posebnom obrascu, i kada se za njih posebno ne priprema, i kada ih predvode svećenici koji nisu *zaraženi*, i kada se ne prave pauze ili se na bilo koji drugi način pokuša vjernicima olakšati sudjelovanje s raspoloživim srcem. I u tako služenim Misama Krist se potpuno daje. No, plodovi Mise uvelike ovise o raspoloživosti srca vjernika, a ta raspoloživost itekako ovisi o svemu spomenutome.

Htio bih dodati još nešto. Ponekad je okupljenim vjernicima moguće progovoriti nekoliko rečenica o osobi za koju se Misa prikazuje. Time svećenik može postići da vjernicima bude zaista stalo da se 'uključe', da za tu osobu mole umom i srcem te da znaju da u toj Misi zaista čine nešto korisno i važno.

Mir

Mir je jedna od najčešćih, najvažnijih i najljepših riječi u *Bibliji* pa tako i u liturgiji. Mir je plod Duha Svetoga, plod njegova djelovanja u našem srcu, plod milosti, plod milosrđa, plod prebivanja u Božjoj prisutnosti.

U Misi molimo za Kristov mir koji se ne može usporediti ni s čime što nam u svjetovnom smislu donosi mir. On sam je naš mir. Da bismo shvatili Kristov mir, trebamo se zapitati što je to nemir. Možda nemir možemo opisati ovim riječima: strah, tjeskoba, krivnja, povrijeđenost, razočaranje, bol, mržnja, nepraštanje, gorčina, bespomoćnost, neželjenost, odbačenost, nesigurnost, neodlučnost, nepovjerenje, ljubomora, zavist, zabrinutost za obitelj...?!

Sve su to stanja duše i duha koja nas uznemiruju, koja nam oduzimaju mir. Mnogi od nas naučili smo nemir potiskivati u dubinu svojih podsvijesti, no ponekad više nismo u stanju kontrolirati taj potisnuti nemir i on izlazi na površinu i stvara nam velike probleme.

Nemir može biti i plod Duha Svetoga. Naime, Duh Sveti može uznemiriti naše srce kako bi nam pokazao druge ljude u potrebi Božjeg milosrđa. Duh Sveti može uznemiriti, probuditi našu savjest koja nam je dana kako bi nas preko nje poticao da se žrtvujemo za druge i činimo dobro.

Jedino pravo rješenje za problem nemira bilo koje vrste je otkupljenje kroz predanje u Božju volju.

Počevši od samog misnog pozdrava, pa tijekom cijele Mise, a posebno u obredu pričesti molimo za Kristov mir. Tako nakon Očenaša svećenik ponavlja Isusovo obećanje učenicima po kojem nam ostavlja i daje svoj mir. Molimo ga da nam taj svoj mir dadne u naše dane (sada, a ne samo u raju): da budemo slobodni od nemira i nereda koje je grijeh proizveo u našim srcima, životima i obiteljima, da budemo slobodni od Zloga.

Vrhunac Mise je blagovanje žrtve, tj. blagovanje Jaganjca Božjega kojeg neposredno prije pričesti molimo da nam podari svoj, Jaganjčev mir. Isus, ulazeći u nas po pričesti, izgovara taj mir našoj duši kao što ga je izgovarao svaki put kad bi ušao u neku kuću i kao što su ga izgovarali apostoli koje je slao u evangelizaciju po dvojicu (Mt 10,12-13; Lk 10,5-6).

Kristov mir je dokaz da nam je Bog ispunio molitvu (Heb 11,1).

Ako nas je netko zamolio da za njega molimo, a nije nam rekao konkretan razlog, tada molimo da mu Gospodin podari svoj mir. Ako nismo sigurni za što da molimo, molimo za Kristov mir. Mir je duboka spoznaja srca da je Bog s nama.

Kad se nalazimo u opasnostima iz kojih ne vidimo izlaza, njegov nam mir daje sigurnost da je s nama, da se ne trebamo tjeskobno brinuti. Što god nam se loše dogodilo, sjetimo se da nam raspolaganju stoji Isusov mir. Sjetimo se da on svako zlo okreće na dobro, onima koji ga ljube.

Postoje životne situacije iz kojih nas Bog ne može osloboditi. Tako nas, primjerice ne može osloboditi od obaveze da se brinemo za svoje duševno bolesno dijete, ali nam može dati svoj mir po kojem ćemo znati da je on s nama i da to što činimo ima svoj smisao u vječnosti.

Na Misu dolazimo kako bismo zadobili Kristov mir, kako bismo ga sačuvali i posredovali ga drugima.

Pričest

Pričest je vrhunac Svete Mise. Bog je htio da u njoj, po njoj i kroz nju postanemo jedno s Isusom, da postanemo dionicima božanske naravi. Kad se pričestimo, Isus svojim tijelom i svojom krvlju, svojom dušom (svojim čovještvom) i svojim božanstvom ulazi u nas i u nama takav ostaje dokle god nam se u tijelu ne rastvore posvećeni kruh i vino (KKC 1377).

Taj osobni susret mene, vjernika sa žrtvovanim Isusom uvelike ovisi o raspoloživosti mog srca. Cijeli dotadašnji tijek Mise usmjeren je na to da se ta raspoloživost postigne. Zato bismo Svetu Misu mogli u duhovnom smislu podijeliti na dva dijela: na pripravu za pričest i na samu pričest. Nakon što sam se pričestio, ulazim u svoje srce kako bih u njemu susreo i iskusio Isusa, odnosno trudim se svu svoju duhovnu i tjelesnu pažnju usmjeriti na Isusovu nutarnju prisutnost. Osobno to činim tako da ga prvo u srcu slavim, blagoslivljam i zahvaljujem mu, a zatim u molitvi predajem ono što mi je na srcu. Ako zbor pjeva prigodnu pričesnu pjesmu, onda se u srcu uživim u riječi pjesme. Tako postajem svjestan njegove nutarnje prisutnosti, svjestan da je on u meni i ja u njemu i zatim nastavljam svoju nutarnju molitvu.

Kad sam u njemu, ispunjen sam Duhom Svetim, ispunjen sam razlivenom ljubavlju Očevom i spreman sam (želim) i sposoban sam (mogu) predati se u Božju volju. Kad sam u njemu, spreman sam (želim zaista, svim srcem) i sposoban sam (milošću Duha mogu): oprostiti i najvećim neprijateljima; predati mu rane koje me najviše bole; primiti nutarnje iscjeljenje i oslobođenje; u vjeri srca, zajedno s njime moliti Oca i zagovarati za druge; iskreno mu zahvaljivati i blagoslivljati ga čitavim svojim bićem kako me već Duh Sveti vodi. Ponekad se to pričesno zajedništvo pretvori u mistično iskustvo Božje ljubavi i prisutnosti, a ponekad Gospodin želi da mu vjerujem, iako u svojem vanjskom čovjeku nisam iskusio ništa posebno.

Svako, i najmanje iskustvo približava me Bogu. Pod iskustvom podrazumijevam svaki doticaj milosti kojeg sam postao svjestan na bilo koji način. Svi znamo da je Isus rekao kako su *blaženi* oni koji ne vide, a vjeruju. Trebali bismo se zapitati imamo li mi takvu vjeru da ne trebamo 'vidjeti'. Ako imamo, onda se njezini plodovi u našem životu zasigurno dobro vide. Ako nemamo trebali bismo znati da je Isus sedamdesetdvojici, nakon što su se vratili s misijskog putovanja, također rekao da je *blago* njima što su vidjeli i čuli (i iskusili) Božja čudesa. Jer, isto su to, zamislite što Isus kaže, htjeli vidjeti i iskusiti mnogi proroci i kraljevi, ali im nije bilo dano (Lk 10,23-24).

Dakle, blaženi mi kad vjerujemo srcem, a da nismo vidjeli i opipali i blago nama kad nam je dano da možemo iskusiti ono što proroci i kraljevi nisu mogli.

Kad samo pomislimo da mnogi od nas imamo prilike prisustvovati Svetoj Misi i više od deset tisuća puta tijekom života (neki i preko dvadeset tisuća puta), možemo shvatiti koliko je važno i najmanje iskustvo, koliko je važno potruditi se upoznati Svetu Misu te s oraspoloženim srcem pristupati pričesti. Kad bi nas milost Očeva na svakoj Misi, slikovito rečeno, samo malo privukla Isusu, vrlo bismo brzo mogli sve više i više uživati njegovu prisutnost. Uistinu smatram da trebamo težiti da se milost iskustva Božje prisutnosti dogodi u svakoj Svetoj Misi. Dogodit će se ako smo spoznali da je vrhunac Svete Mise istinski susret sa živim Isusom u pričesti.

Isus nam se u pričesti ne daje za nagradu zato što smo se ispovjedili, on ne dolazi u srca onih koji misle da su bez grijeha pa se zato zaslužuju pričestiti. Isus dolazi onima koji ga trebaju i onima koji ga ljube, dolazi onima koji vjeruju da im zaista dolazi u Tijelu, kao pravi Bog i pravi čovjek, dolazi onima koji ga žele blagovati kao žrtvovanog Jaganjca. Veći je broj onih koji ga trebaju od onih koji ga zaista ljube, no Isus svejedno dolazi jer zna da ljubav često započinje tek s primljenim milostima. On je taj koji uvijek ljubi prvi. Zato u odnosu s njime nemojmo previše razmišljati o tome kako zaslužiti njegovu ljubav – dovoljno je razmišljati kako da mu je uzvratimo.

U jednoj darovnoj molitvi kaže se da se u pričesti događa razmjena u kojoj Isus uzima (otkupljuje) našu palu ljudsku narav kako bismo postali dionicima njegove božanske naravi. Zatim u toj istoj molitvi molimo za milost *kako bismo tu istinu mogli spoznati i živjeti*. Dakle, ono što nam *Biblija* i Crkva govore o pričesti možemo razumjeti razumom, no to nećemo živjeti ako to prvo ne spoznamo (iskusimo) u srcu. Zato trebamo čeznuti za riječju spoznaje za kojom vapimo u zadnjem zazivu prije pričesti: *Gospodine, nisam dostojan da uniđeš pod krov moj, nego samo reci riječ i ozdravit će duša moja.* Taj isti zaziv, koji je u prošlosti značio nešto sasvim drugo, danas možemo shvatiti i ovako: *Gospodine, kad uđeš u mene, daj mi da iskusim barem jednu tvoju riječ u svom srcu jer me svaka tvoja riječ može promijeniti, iscijeliti i osloboditi. Gospodine, mogu li te biti dostojan ako moje srce ne čezne za tvojom riječju?!*

Mislim da ćemo na kraju ovozemaljskog života gorko žaliti za propuštenim prilikama koje su nam se u pričesti pružale na poseban način.

(KKC 1382; KKC 1391-1396; KKC 1374; KKC 1377; KKC 1098; SC 11; EE 61; KKC 1355; Iv 20,29; Lk 10,24; Iv 3,16; 1 Iv 4,10-11; Iv 17,23-26; 1 Kor 11,28-31)

PRIPREMA ZA SVETU MISU

»Zajednica se na susret sa svojim Gospodinom mora pripraviti, mora biti „narod prikladno raspoložen". Ta priprava srdaca zajedničko je djelo Duha Svetoga i zajednice, posebno njezinih službenika. Milost Duha Svetoga ide za tim da pobudi vjeru, obraćenje srca i prianjanje uz Očevu volju. Ta je priprava pretpostavka za prihvaćanje drugih milosti što će ih samo slavlje ponuditi, i za plodove novog života kojim ono treba da naknadno urodi.«

KKC 1098

Crkva nas uči da je priprema za Svetu Misu apsolutno nužna ako u njoj želimo sudjelovati na djelatan i plodonosan način. U to sam se i sâm itekako uvjerio tijekom godina i kroz mnoge Mise. Isus Krist je u svojoj muci sudjelovao potpuno: svim srcem, svom dušom, svom svojom tjelesnom, mentalnom i duhovnom snagom. Otkupio nas je svojom mukom, smrću i uskrsnućem jer nas ljubi, jer mu je stalo do nas. Ako želimo sudjelovati plodonosno, tada i mi moramo ljubiti i mora nam biti stalo, prvo do našeg intimnog odnosa s njime a onda i do osobe za koju prikazujemo misnu žrtvu. I mi bismo u Svetoj Misi trebali barem pokušati sudjelovati svim srcem, svom dušom i svom svojom snagom volje (Mt 22,35-38).

Sigurno je da nećemo na svakoj Misi postići ono što bismo htjeli, no Bog ne gleda samo na ono što smo postigli. Njega naime zanima i ono što smo zaista htjeli postići, što je stvarna namisao našeg srca, zanima ga s koliko smo ljubavi sudjelovali.

Zato u pripremi za Misu nastojim utvrditi koje su to moje stvarne želje i namisli srca, što zaista želim postići prikazivanjem Isusove žrtve. S vremenom su se mnoge moje namisli (nakane) iskristalizirale i ne trebam mnogo vremena kako bih svoje srce oraspoložio za plodonosno prikazivanje. Tako mi je za plodonosno prikazivanje, primjerice kad saznam da se netko nalazi blizu smrti, dovoljno samo nekoliko minuta pripreme neposredno prije Svete Mise.

Volio bih da nikog ne preplaši dužina tekstova pripreme koje predlažem, jer se oni vrlo brzo upisuju u srce i prije Svete Mise treba ih se samo kratko prisjetiti.

Priprema bi trebala biti tako osmišljena da milost Duha u njoj budi otvorenost za vjeru srca, čežnju za obraćenjem (za kvalitetnom promjenom srca) i spremnost za prihvaćanje onoga što nam Otac nudi kao plod našeg prikazivanja Isusove žrtve i plod našeg prebivanja u Njemu (KKC 1098; KKC 1128).

Krist nas je otkupio svojom ljubavlju s križa. Mi, svojevoljnim prikazivanjem vlastitih trpljenja (žrtvi), očitujemo svoju ljubav prema Isusu i prema bližnjima u potrebi. Prikazivanje vlastitih žrtava čin je i molitva koja nas duboko sjedinjuje s raspetim Kristom.

Zato u danima u kojima prikazujemo Mise, sjedinimo se s raspetim Kristom i pokažimo sebi i Ocu da nam je zaista stalo do osobe za koju prikazujemo Isusovu žrtvu (Kol 1,24-26). Važno je da žrtve budu učinjene iz čiste ljubavi prema Bogu i prema osobi za koju prikazujemo Misu i, ako je moguće, da budu u tajnosti.

Evo nekih žrtvi koje možemo tijekom prikazivanja Misa sjediniti s Kristovom žrtvom: post, odricanje od nečega do čega nam je naročito stalo (televizija, internet, kava, cigarete, hobiji...), činjenje djela milosrđa koja inače ne činimo, odricanje od žaljenja, prigovaranja, ogovaranja...

Kako bismo od pripreme imali što više koristi, tekst pripreme trebamo čitati razumom i srcem. Trebali bismo ga čitati i razmatrati tako dugo dok ga ne prihvatimo barem u razumu i dok ne postanemo svjesni da ono što u njemu piše zaista želimo. Kad se to dogodi, za pripremu će nam trebati mnogo manje vremena i napora.

U Misi postoje različiti molitveni zazivi kojima, poput Ezekijelovih suhih kostiju, treba dodati meso, kojima kad ih izgovaramo, trebamo udahnuti život, kojima trebamo srcem pridružiti prikazanje nakane (Ez 37,1-8). Tako kad u Misi izgovorimo, primjerice: „Jaganjče Božji, koji oduzimaš grijehe svijeta, smiluj nam se", trebamo biti svjesni onoga što smo molili u pripremi i u čemu želimo da nam se Jaganjac Božji smiluje. U *Činu pokajanja* trebamo biti svjesni onoga za što smo se u pripremi kajali. U *Slavi* trebamo biti svjesni za što zahvaljujemo, za što slavimo, blagoslivljamo, klanjamo se te koga i što tražimo...

Za vrijeme pripreme nešto ćemo moći prihvatiti samo u razumu. Bit ćemo svjesni da nešto od rečenoga srce još ne prihvaća, poput potpuna praštanja osobama koje su nas teško povrijedile. Ili, poput predanja u Božju volju i prihvaćanja mogućnosti da ishod otkupljenja ne bude onakav kakav bismo mi najviše htjeli. To ćemo moći prihvatiti u srcu tek za vrijeme Mise. Kad kažem „moći prihvatiti", tada ne mislim da će nam to prihvaćanje predstavljati tešku muku. Iz iskustva znam da su ta prihvaćanja takva da ih najlakše mogu izraziti ovim pojmom: „radosna otkrivenja s kojima se čitavo naše biće slaže u veselju".

Važno je unaprijed prihvatiti da će za upisivanje pripreme u srce biti potrebno određeno vrijeme. Duljina tog vremena uvelike ovisi o tome koliko nam je zaista stalo. Što nam je više stalo, to će nam biti potrebno manje vremena jer ćemo pripremi pristupiti jačom voljom. Ako nam se sva ta priprema učini preteškom, predugačkom, ako mislimo da trenutno nemamo dovoljno motiva da je odradimo ozbiljno, tada ponovno pokušajmo kad će nas dodatno motivirati neka teža životna situacija (naša ili nečija do koga nam je uistinu stalo).

U dobru pripremu ulaze i standardne molitve, poput krunice i raznih litanija, koje se u većini župa gotovo redovito mole prije same Svete Mise. Važno je da se u pripremi za Misu te molitve ne izgovaraju samo ustima, već da se mole razumom i srcem. Nećemo biti uslišani samo zato što smo izgovorili mnoštvo molitava (Mt 6,6-8). Važno je da pojedinim molitvenim zazivima u svojem duhu, u srcu pridružujemo ono što smo izrazili u pripremi. Tako, primjerice kad u krunici molimo: „Sveta Marijo, Majko Božja, moli za nas grešnike", postajemo svjesni da Mariju tražimo da moli upravo za ono što smo u pripremi usvojili kao svoju nakanu. Na taj način postajemo svjesni stvarne prisutnosti, uloge, pomoći i podrške svetih na čelu s Blaženom Djevicom Marijom. To isto činimo i u pojedinim zazivima litanija, te u svakoj drugoj molitvi u kojoj izražavamo molbe koje nisu do kraja definirane. Jednako tako, te nam molitve pomažu stvoriti naviku te uvježbati duh, uvježbati srce kako bismo pojedinim misnim molitvenim zazivima i obrascima mogli lakše pridruživati nakanu. Također, pomažu nam da u Misi sudjelujemo s nepodijeljenom pažnjom.

Osim molitve krunice i litanija, odlična priprema za Svetu Misu je i slavljenje Boga kroz nadahnuto pjevanje prigodnih pjesama. Dobro je prije Mise imati i klanjanje pred Presvetim sakramentom. Na taj način možemo još više oraspoložiti svoje srce za vrhunac Mise: pričest. Svećenik može prisutnima silno pomoći da se otvore Isusovoj prisutnosti u pričesti ako prije klanjanja u pokaznicu stavi jednu od malih hostija kojima se vjernici pričešćuju. Zatim, prije pričesti, svećenik tu istu hostiju izvadi iz pokaznice i pred svima ju stavi u kalež, među druge hostije kojima će pričešćivati vjernike. Tako vjernicima može dodatno skrenuti pažnju na svetost pričesti. Čovjek je psihološko biće i upravo zbog toga u sakramentima imamo vidljive znakove nevidljive Božje prisutnosti.

Naravno da postoje i drugi načini pripreme za Misu, poput ispovijedi neposredno prije Mise, razmatranja Božje riječi, razmatranja muke...

Osobno volim sat vremena prije jutarnje Mise slušati ili čitati evanđelja; volim očima srca promatrati i ušima srca slušati onoga koga ću susresti i primiti na Svetoj Misi. Susret s Njime na Misi uvelike ovisi o tome kako sam ga prije Mise iskusio.

Jednako tako, kad god mogu, volim odmah nakon što se iz crkve vratim kući, posvetiti barem pola sata čitanju i razmatranju Božje riječi. Volim Gospodinu dati svoje najdragocjenije vrijeme jer u tom vremenu, kad sam najsvježiji i najodmorniji, najlakše mogu čuti, prepoznati i prihvatiti riječi koje izgovara meni osobno – riječi koje me izgrađuju i čine boljim čovjekom.

Važno je napomenuti da ja osobno u svakoj Svetoj Misi iščekujem milost koja će me promijeniti, koja će me duhovno podići, slikovito rečeno, za 'samo' jedan centimetar. Ponekad je taj jedan jedini centimetar, ta jedna jedina mala milost koju primim, dovoljna da izdignem nos iz vode i izbjegnem utapanje. Nakon mnogo Svetih Misa centimetri polako postaju metri. Sve više i više razmišljam o vječnosti, sve više i više istinski uživam Božju prisutnost, sve sam više i više svjestan svojih slabosti, sve se više i više oslanjam na Božju milost. I, kako to kaže jedna zborna misna molitva, postajem sve više duboko svjestan da nam je Božja milost tako često jedina nada i Božja zaštita jedina sigurnost (peta nedjelja kroz godinu, zborna). Ako taj jedan centimetar preziremo, ako mislimo da se radi jednog centimetra ne isplati dobro potruditi pripremiti za Svetu Misu, možda smo još uvijek na nuli, možda još uvijek dolazimo na Svetu Misu kako bismo obavili svoju dužnost. Možda se još uvijek vraćamo s Mise onakvi kakvi smo na nju i otišli – dolazimo s nje, a da nismo iskusili milost.

U nastavku donosim određene pripreme za koje mislim da će čitateljima biti korisne. Te sam pripreme sastavio za sebe i za neke od svojih prijatelja koji su me zamolili da im pomognem u pripremanju za njihove specifične nakane. Čitatelji mogu predložene pripreme koristiti u potpunosti, mogu po svojoj volji dodati ili oduzeti ono što im se čini za njih korisno ili im te pripreme mogu samo dati određene ideje po kojima će sastaviti svoje pripreme.

Osobno uvijek volim nešto dodati ili oduzeti, ovisno o trenutnim nadahnućima koja u molitvi primam. Zato ove predložene pripreme nemaju savršen okvir i strukturu, i mislim da ih ni ne trebaju imati. Važno je da u svakoj pripremi barem mali dio predloženog teksta uđe u srce čitatelja i da u njemu ostane. Važno je da s pripremom krenemo potpuno opušteno, s iščekivanjem srca jer nikad unaprijed ne znamo koji ćemo dio, po milosti Duha, upisati u srce. Bog nas savršeno poznaje i on zna što nam u određenom trenutku najviše treba. Zato kad osjetimo da nam neke riječi odjekuju u srcu na poseban način, zaustavimo se i polako ih ponavljajmo, toliko dugo dok ne osjetimo da trebamo nastaviti s pripremom.

Ako nam je zaista stalo do osobe za koju prikazujemo misnu nakanu, ne trebamo se bojati – Duh Sveti će nam itekako pomagati i moći ćemo prepoznati njegove poticaje, njegovo vodstvo, ne samo za vrijeme pripreme već i za vrijeme Svete Mise.

U nastavku donosim nekoliko najčešćih priprema.

Oslobođenje iz Čistilišta muškarca

(Započni znakom križa.)

Neka ova priprema bude u ime Oca i Sina i Duha Svetoga! Amen!

Neka sa mnom bude tvoja milost, Gospodine Isuse Kriste, tvoja ljubav, Bože Oče, i tvoja prisutnost, Duše Sveti.

Nakana

Vječni Oče, prikazujem ti žrtvu tvoga preljubljenog sina, Gospodina našega Isusa Krista za otkupljenje I. iz Čistilišta.

(Umjesto I. stavi ime osobe za koju prikazuješ.)

Zahvala za dar života

Zahvaljujem ti, Gospodine, za dar života koji si mu podario.

Ti si ga čudesno zamislio i stvorio.

Stvorio si ga na svoju sliku i priliku.

Ti si ga, Oče nebeski, u sakramentu krštenja s bezgraničnom ljubavlju priznao svojim posinjenim sinom.

Hvala ti, Gospodine, što si ti izabrao vrijeme i mjesto u kojem se I. rodio.

Hvala ti što si mu ti izabrao obitelj i životnu situaciju u kojoj se je rodio.

Hvala ti za svakog člana njegove obitelji.

Hvala ti za svakog člana obitelji koju je zasnovao.

Zahvala za dobročinstva

Hvala ti za svaku osobu koja mu je u životu bila važna.

Hvala ti za sve one koji su njemu i njegovoj obitelji činili dobro bilo kad i na bilo koji način.

Hvala ti, Gospodine, za one koji su I. bili uzor vjere u tebe, za one koji su ga poučavali i govorili mu o tebi.

Hvala ti za one koji su ga u životu blagoslivljali svojom molitvom.

Hvala ti, Gospodine, što si mu darovao mnoštvo mogućnosti u kojima se je mogao odlučivati za ljubav i poštovanje prema tebi i bližnjima.

Hvala ti, Gospodine, što si mu darovao mnogo prilika da se iz ljubavi žrtvuje za druge i da uvijek iznova oprašta.

Hvala ti, Gospodine, što si mu darovao mnoštvo dobrih trenutaka i dobrih darova i tako mu davao mnoštvo prilika da ti zahvaljuje i da te slavi.

Gospodine, dopustio si da se mnogo puta nađe u situacijama u kojima je trebao tvoju pomoć jer si ga i tako htio privući k sebi.

Dao si mu, Gospodine, mnogo prilika da te traži i nalazi, da provodi vrijeme u tvojoj prisutnosti i tako se puni tvojom milošću i mudrošću.

Htio si da stekne što više nepropadljiva blaga za vječni život, htio si da ti u vječnosti bude što bliže.

Hvala ti, Gospodine, za sve dobro koje si mu dao.

Hvala ti, Gospodine, za svaku milost koju je I. prihvatio za života, hvala ti za svako njegovo dobro djelo, hvala ti za svaku njegovu žrtvu iz ljubavi, hvala ti za svaku dobru riječ koju je izgovorio, hvala ti za svaku dobru želju koju je nosio u srcu.

Hvala ti, Gospodine, za svaki trenutak koji je proveo s tobom i u tebi.

Hvala ti za svaku njegovu Svetu Misu, za svaku ispovijed, za svaku molitvu koju je izgovorio srcem.

Zahvala za spasenje

Gospodine, ti nam nudiš svoje obilje života, nudiš nam samoga sebe, a mi prečesto biramo svoje verzije obilja života i svoje idole koje stavljamo ispred tebe i bližnjih.

Tako umjesto punine života biramo ispraznost; umjesto tvoje riječi, puste tlapnje.

Gospodine, unatoč svemu što nas učiš i što nam daješ, često smo ti nezahvalni i padamo u grijeh.

Često pokušavamo opravdavati svoje grijehe, često naše kajanje nije iskreno.

Gospodine, mnogi se od nas ne uspijevaju promijeniti onako kako bi htjeli jer ne znaju da si ti onaj koji daješ novo srce – kad smo s tobom i u tebi.

Bez tebe, bez tvog oproštenja nitko se od nas ne može spasiti.

Zato ti, hvala, Oče, što si dao svojeg Jedinorođenog Sina Isusa Krista da ni jedan koji u njega vjeruje ne propadne, već da ima život vječni.

Hvala tebi, Isuse, što si umjesto nas platio kaznu za naše grijehe i za naše opačine.

Hvala ti, Gospodine, što si mi I. stavio na srce da mogu, s ljubavlju i iskrenim htijenjem, prikazati tvoju žrtvu Ocu za njegovo otkupljenje iz Čistilišta.

Molitva

Oče nebeski, znam s kolikom bi čežnjom I. htio prikazati žrtvu tvoga Sina za svoje otkupljenje iz Čistilišta, no ti si u svojoj pravednosti odredio da za sebe možemo prinositi Isusovu žrtvu samo prije zemaljske smrti.

Zato ti ja prikazujem žrtvu tvoga preljubljenog Sina Isusa u njegovo ime.

Molim te, Oče, u Isusovo, u svoje i u njegovo ime da mu oprostiš grijehe jer znam da je on sada potpuno svjestan svojeg zemaljskog života, da je svjestan s kojim ga je motivima i namislima srca živio i znam da se iskreno kaje i vapi za tvojom milošću.

Molim te, Oče, u Isusovo, u svoje i u njegovo ime da, svojim milosrđem i svojom milošću, nadoknadiš onima koje je I. ranio svojim grijesima na bilo koji način.

Molim te da im naneseno zlo okreneš na dobro.

Molim te, Oče, u Isusovo, u svoje i u njegovo ime, da oprostiš svima onima kojima I. za vrijeme ovozemaljskog života nije znao, nije mogao ili nije htio oprostiti.

Molim te da ga ispuniš svojim svetim mirom i uvedeš u svoje kraljevstvo ljubavi, pravednosti i mira.

Sve te to, Oče, molim u Isusovo ime jer znam da je Isus i za njega umro iz čiste ljubavi.

Izricanje vjere

Gospodine Isuse, ti si ustanovio sakrament Euharistije kako bismo uvijek iznova mogli plodonosno sudjelovati u tvojoj žrtvi i kako bismo iz nje mogli crpsti plodove otkupljenja, plodove tvoje ljubavi i milosrđa.

Hvala ti što u Euharistiji dolaziš k nama kao pravi Bog i pravi čovjek, kako bismo i mi, poput bolesnika, patnika i grešnika iz evanđelja, mogli doći k tebi i kako bismo mogli primiti tvoju milost.

Ti si nas, Isuse, otkupio od kazne za grijehe, ti si otkupio našu palu narav zarobljenu u sebičnost i podložnu grijehu.

Tvoja je žrtva savršena, a od nas ljudi očekuješ da je prinosimo Ocu za sebe i za druge.

Gospodine, vjerujem da ću u Euharistiji blagovati tvoje tijelo i tvoju krv, blagovati tebe, žrtvenog Jaganjca koji si bio ubijen za nas.

Vjerujem da ti, Isuse, ulaziš u mene sa svojom božanskom i ljudskom ljubavlju.

Vjerujem, Gospodine, da mi dolaziš tako blizu kako bi mi svojom milošću ispunio srce pouzdanjem u tvoje neizmjerno milosrđe, kako bi me ispunio ljubavlju prema tebi i I. za koga prikazujem tvoju žrtvu Ocu.

Molitva za pomoć

Duše Sveti, molim te da me vodiš kroz Svetu Misu.

Pomozi mi da moje misli budu, tvojom milošću, usklađene s mojim riječima.

Pomozi mi da, tvojom milošću, I. bude u mom srcu tijekom čitave Mise.

Hvala ti, Duše Sveti, što nam pomažeš jer bez tvoje milosti ne znamo moliti kako treba, bez tvoje milosti ne možemo vjerovati srcem i ne možemo ljubiti čisto.

Sveta Marijo, Majko Božja, Kraljice mira, moli za mene, koji prikazujem, i za dušu za koju prikazujem žrtvu tvoga Sina.

Ti si, Marijo, najdublje povezana s Isusovom mukom i smrću: ti si stajala pod njegovim križem, ti si mu bila utjeha i snaga u njegovim najtežim trenucima, ti si iskusila svu dubinu boli koja je drugim ljudima ostala sakrivena.

Tebi je, Marijo, mač boli probio srce, kako bi nama slabima i grešnima mogla pomoći da otkrijemo stvarne namisli svojih srca, da otkrijemo stvarne motive po kojima živimo, da se pokajemo i da živimo.

Zato, Marijo, ne mogu Ocu prikazivati žrtvu tvoga Sina, a da istovremeno ne prikažem tvoju žrtvu, da ne prikažem žrtve svih onih koji kroz stoljeća sjedinjuju svoje trpljenje s trpljenjem tvoga Sina i da ne prikažem svoje trpljenje, koje i ja želim sjediniti s trpljenjem tvoga sina Isusa.

Marijo, Isusova i naša majko, molim te da moliš za I. da mu se Otac smiluje, da prihvati žrtvu svoga i tvoga Sina koju za nj prikazujem i da ga uvede u svoje kraljevstvo, da ga uvede u raj.

Izmoli mi, Marijo, milost da i ja, sve dublje i dublje, spoznajem smisao prikazivanja vlastitih odricanja i trpljenja kako bih, sa što više vjere i što većom ljubavlju, mogao prikazivati Isusovu žrtvu za duše koje su potrebne milosti otkupljenja.

Sveti apostoli Petre i Ivane, sveti Franjo Asiški, sveta Klaro, sveti Franjo Ksaverski, sveta Terezijo Avilska, sveta Mala Terezijo, sveti Padre Pio, sveti Leopolde Bogdane Mandiću, blaženi Alojzije Stepinče, svi sveti kojima se je ikad molio pomozite mu ljubeći ga pred Božjim prijestoljem.

Pričesna meditacija

Gospodine Isuse, Jaganjče Božji, nisam dostojan da uniđeš pod moj krov, nisam dostojan da uniđeš u moju dušu, ali te ipak svim srcem molim da me ispuniš svojom prisutnošću.

Jer, Gospodine, kako ću sam po sebi postati dostojan?

Kako ću, Gospodine, sam zapaliti svjetlost u svojoj duši kad si ti Svjetlost, kad ti jedini možeš prosvijetliti moje tame, kad ti jedini možeš učiniti da srcem progledam, da srcem pročujem, da srcem razumijem – da se iskreno pokajem i primim Svjetlost?

Kako ću, Gospodine, bez tvoje milosti praštati, kako ću se iskreno kajati, kako ću s vjerom moliti, kako ću se mijenjati?

Kako ću, Gospodine, bez tebe, koji si jedini pravi Mir, umiriti svoju dušu?

Kako će, Gospodine, moja duša živjeti ako ti, koji si Život, ne prebivaš u njoj?

Kako će, Gospodine, moja duša učiti ljubiti ako u njoj ne prebiva Učitelj, ako u njoj ne prebiva Ljubav?

Gospodine, kako ću ti zahvaljivati, kako ću te slaviti, kako ću te blagoslivljati, ako moja duša ne okusi tvoju svetu prisutnost, ako ne iskusi tvoj mir, ako ne kuša tvoju radost?

Uđi, Gospodine, kao moj otkupitelj i moj spasitelj, kao moj učitelj, i budi kralj moga srca.

Uđi, Isuse, reci Riječ i ozdravit će čitavo moje biće.

Uđi, Isuse u mene, privuci me na svoj križ, uvuci me u svoje srce, jer ti želim predati svoje boli, jer ti želim predati svoje ranjeno srce.

Uđi, Isuse, i nauči me ljubiti onako kako si nas ti ljubio.

Uđi, Isuse, jer želim s tobom, s tvojom ljubavlju moliti Oca da se smiluje svima onima koje prinosim u ovoj Svetoj Misi.

Hvalim te, moj Bože, slavim te i blagoslivljam.

Klanjam ti se i zahvaljujem ti radi tvoje velike dobrote.

Jer ti si jedini svet.

Ti si jedini Gospodin.

Ti si jedini Svevišnji, Isuse Kriste.

Sa Svetim Duhom, u slavi Boga Oca.
Amen.

Za spasenje umirućeg muškarca

Svemogući milosrdni Bože! Ti svemu stvorenju iskazuješ ljubav. Čuj molitve za našu braću na samrti: otkupljeni dragocjenom krvlju tvoga Sina, nek bez ljage grijeha prijeđu s ovoga svijeta i otpočinu u tvom očinskom krilu. Po Gospodinu.

(Zborna molitva)

(Započni znakom križa.)

Neka ova priprema bude u ime Oca i Sina i Duha Svetoga! Amen!

Neka sa mnom bude tvoja milost, Gospodine Isuse Kriste, tvoja ljubav, Bože Oče, i tvoje zajedništvo, Duše Sveti.

Nakana

Vječni Oče, prikazujem ti žrtvu tvoga preljubljenog sina, Gospodina našega Isusa Krista za I. koji se nalazi pred smrću.

(Umjesto I. stavi ime osobe za koju prikazuješ.)

Zahvala za život

Zahvaljujem ti, Gospodine, za dar života koji si mu podario.

Ti si ga čudesno zamislio i stvorio.

Stvorio si ga na svoju sliku i priliku.

Stvorio si ga da živi vječno, dajući mu priliku da ovozemaljskim životom odredi kakva će vječnost biti za njega.

U dubinu duše utisnuo si mu ljubav spremnu na žrtvu, spremnu na opraštanje, blagoslivljanje i zahvaljivanje; spremnu na davanje i pomaganje.

Utisnuo si mu ljubav koju u punini može iskusiti jedino u tebi.

Ti si ga, Oče nebeski, u sakramentu krštenja s bezgraničnom ljubavlju priznao svojim posinjenim sinom i pozvao ga da tu ljubav tijekom svog života otkriva i živi uz pomoć Duha Svetoga.

Hvala ti, Gospodine, što si ti izabrao vrijeme i mjesto u kojem se I. rodio.

Hvala ti što si mu ti izabrao obitelj i životnu situaciju u kojoj se je rodio.

Hvala ti za svakog člana njegove obitelji.

(Sjeti se svakog pojedinačno ako ih poznaješ.)

Hvala ti za svakog člana obitelji koju je zasnovao.

(Ako je oženjen, sjeti se pojedinačno supruge i svih potomaka.)

Hvala ti za svaku drugu osobu koja mu je bila važna.

Hvala ti za sve one koji su njemu i njegovoj obitelji činili dobro bilo kad i na bilo koji način.

Hvala ti, Gospodine, za one koji su ga poučavali i govorili mu o tebi, hvala ti za one koji su mu uzor vjere u tebe.

Hvala ti za one koji su ga u životu blagoslivljali svojom molitvom i za one koji to čine i sada.

Ti si mu, Gospodine, darovao mnoštvo mogućnosti u kojima se je mogao odlučivati za ljubav i poštovanje prema tebi i bližnjima.

Darovao si mu mnogo prilika da se iz ljubavi žrtvuje za druge i da uvijek iznova oprašta.

Gospodine, darovao si mu mnoštvo dobrih trenutaka i dobrih darova i tako mu davao mnoštvo prilika da ti zahvaljuje i da te slavi.

Gospodine, dopustio si da se mnogo puta nađe u situacijama u kojima je trebao tvoju pomoć jer si ga i tako htio privući k sebi.

Dao si mu, Gospodine, mnogo prilika da te traži i nalazi, da provodi vrijeme u tvojoj prisutnosti i tako se puni tvojom milošću i mudrošću.

Hvala ti, Gospodine, za svaku milost koju je I. prihvatio, hvala ti za svako njegovo dobro djelo, hvala ti za svaku njegovu žrtvu iz ljubavi, hvala ti za svaku dobru riječ koju je izgovorio, hvala ti za svaku dobru želju koju je nosio u srcu.

Ti si, Gospodine, obećao da nam neće izostati nagrada ako samo nekome od tvojih ponudimo čašu vode.

Sjeti se, Gospodine, svega dobroga što je I. za života učinio.

Hvala ti, Gospodine, za svaki trenutak koji je I. proveo s tobom i u tebi, hvala ti za svaku njegovu Svetu Misu, za svaku ispovijed, za svaku molitvu koju je izgovorio srcem.

Hvala ti, Gospodine za te trenutke u kojima je još bio s tobom. Molim te, podsjeti ga na njih.

Hvala ti, Gospodine, što ti želiš da njegova radost bude što veća, što želiš da stekne što više nepropadljiva blaga za vječni život, što želiš da ti u vječnosti bude što bliže.

Zahvala za Božju blizinu

Ti si nam, Gospodine, darovao Duha Svetoga kako bismo uvijek iznova mogli k tebi dolaziti, u tebe ulaziti i u tebi ostajati.

(Zazivaj sada Duha Svetoga svim srcem vapeći za njegovom pomoći.)

Kad smo u tvojoj prisutnosti, Bože naš, ti nas odmaraš, oslobađaš i ozdravljaš nam duh, dušu i tijelo.

Kad smo u tvojoj prisutnosti, ti nas poučavaš i mijenjaš.

Kad smo u tvojoj prisutnosti, daješ nam svoju ljubav kojom možemo svakome oprostiti i za svakoga se žrtvovati.

Kad smo u tvojoj prisutnosti, otkupitelju naš, daješ nam vjeru srca kojom možemo moliti za potrebe drugih.

Kad smo u tvojoj prisutnosti, daješ nam snagu volje da se možemo odupirati grijehu i da možemo ustrajati na putu spasenja.

Kad smo u tvojoj prisutnosti, vječni Oče, ispunjaš nas svojim mirom i radošću, i daješ nam svoje obilje života.

Kad smo u tvojoj prisutnosti, Gospodine, otvaraš nam srce da ti se možemo u punoj slobodi predati, da te možemo prihvatiti za svojeg spasitelja i otkupitelja, za kralja svojeg srca; otvaraš nam srce da te možemo prihvatiti za liječnika svoje duše, duha i tijela.

Zato te sada molim, Isuse, privuci I. svojom ljubavlju i podari mu milost da može i hoće u molitvi dolaziti k tebi, dolaziti u tvoju prisutnost, ulaziti u tvoje srce i u tebi ostajati.

Zahvala za spasenje

Gospodine, ti nam nudiš svoje obilje života, nudiš nam samoga sebe, a mi prečesto biramo svoje verzije obilja života i svoje idole koje stavljamo ispred tebe i bližnjih.

Tako umjesto punine života biramo ispraznost; umjesto tvoje riječi, biramo puste tlapnje.

Gospodine, unatoč svemu što nas učiš i što nam daješ, često smo ti nezahvalni i padamo u grijeh.

Često pokušavamo opravdavati svoje grijehe, često naše kajanje nije iskreno.

Gospodine, mnogi od nas u srcu ne razumiju ni tvoju pravednost ni tvoje milosrđe i zato nam se događa da ne možemo, ili čak ne želimo, opraštati onima koji nas svojim grijesima povrijede.

Gospodine, mnogi se od nas ne uspijevaju promijeniti onako kako bi htjeli jer ne znaju da si ti onaj koji daješ novo srce – kad smo s tobom i u tebi.

Gospodine, bez tebe, bez tvog oproštenja nitko se od nas ne može spasiti.

Zato ti, hvala, Oče, što si dao svojeg Jedinorođenog Sina,

Gospodina našega, Isusa Krista da ni jedan koji u njega vjeruje ne propadne, već da ima život vječni.

Hvala ti što si nam obećao da će svi oni koji zazovu tvoje ime biti spašeni.

Hvala ti, Gospodine, što si mi I. stavio na srce da mogu, s ljubavlju i iskrenim htijenjem, prikazati tvoju žrtvu Ocu kako bi ga privukla tvoja ljubav s križa, kako bi mu tvoja milost prosvijetlila razum i srce.

Molitva

Oče nebeski, molim te, privuci ga k ljubavi svoga Sina koji se je na križu žrtvovao za njegovo spasenje.

Podari mu milost da Ga može i da Ga želi prihvatiti za kralja svog srca; da Ga može i da Ga želi prihvatiti za svog osobnog spasitelja i otkupitelja – kako bi ga Isus uskrisio u posljednji dan.

Nitko ne može doći k Isusu, spasitelju i otkupitelju, ako ga ne privučeš ti, Oče, koji si ga poslao u svijet.

Molim te, Oče, u Isusovo ime, podari mu svjetlo svoga Duha da može i želi jasno vidjeti stvarne namisli (motive) svog srca po kojima je živio; da se može i želi iskreno pokajati za svoje grijehe; da može i želi zatražiti i primiti tvoje oproštenje.

Podari mu, Gospodine, milost da može i da želi vidjeti one koje je ranio svojim grijesima te da može i želi srcem moliti za njih.

Molim te, Oče, u Isusovo ime, podari mu milost da može i da želi oprostiti svima koji su ga za života povrijedili, svima koji su mu uskratili ljubav i poštovanje.

Molim te, podari mu milost da može i da želi oprostiti samome sebi.

Gospodine, neka ga tvoja milost neprestano dotiče kako bi bio slobodan od napada Zloga, kako bi bio slobodan od ponosa i povrijeđenosti i svega drugoga što bi ga moglo spriječiti da primi tvoju milost.

Gospodine, molim te, ti pronađi način na koji ćeš doprijeti do njegova srca.

Molim te, Oče, u Isusovo ime, ispuni njegovu dušu svojim svetim mirom i svojom radošću.

Daj mu da milošću Duha Svetoga može i želi zahvaljivati ti, slaviti te i blagoslivljati.

Molim te, Gospodine, podari mu milost da može i da želi umrijeti okrijepljen svetim sakramentima.

Molim te, Gospodine, uvedi ga u svoje kraljevstvo ljubavi, pravednosti i mira.

Izricanje vjere

Gospodine Isuse, ti si ustanovio sakrament Euharistije kako bismo uvijek iznova mogli plodonosno sudjelovati u tvojoj žrtvi i kako bismo iz nje mogli crpsti plodove otkupljenja, plodove tvoje ljubavi i milosrđa.

Hvala ti što u Euharistiji dolaziš kao pravi Bog i pravi čovjek, kako bismo i mi, poput bolesnika, patnika i grešnika iz evanđelja, mogli doći k tebi i kako bismo mogli primiti tvoju milost.

Ti si nas, Isuse, otkupio od kazne za grijehe, ti si otkupio našu palu narav zarobljenu u sebičnost i podložnu grijehu.

Tvoja je žrtva savršena, a od nas ljudi očekuješ da je prinosimo Ocu za sebe i za druge.

Gospodine, čvrsto vjerujem da ću u Euharistiji blagovati tvoje tijelo i tvoju krv, blagovati tebe, žrtvenog Jaganjca koji si bio ubijen za nas.

Vjerujem, Gospodine, da ću tako stvarno sudjelovati u tvojoj otkupiteljskoj žrtvi, prikazujući je Ocu za svoje potrebe i za potrebe drugih.

Vjerujem da ti, Isuse, ulaziš u mene sa svojom božanskom i ljudskom ljubavlju.

I ja, Gospodine, želim ući u tebe, sa svom svojom ljudskom bijedom.

Vjerujem, Gospodine, da mi dolaziš tako blizu kako bi mi svojom milošću ispunio srce pouzdanjem u tvoje neizmjerno milosrđe, kako bi me ispunio ljubavlju prema tebi i I. te kako bi, zajedno sa mnom, za njega prikazao svoju žrtvu Ocu.

Molitva za pomoć

Duše Sveti, molim te da me vodiš kroz Svetu Misu.

Neka moje misli budu, tvojom milošću, usklađene s mojim riječima.

Pomozi mi da, tvojom milošću, I. bude u mom srcu tijekom čitave Mise.

Hvala ti, Duše Sveti, što nam pomažeš jer bez tvoje milosti ne znamo moliti kako treba, bez tvoje milosti ne možemo vjerovati srcem i ne možemo ljubiti čisto.

Anđelu čuvaru moj, čuvaj moje misli za vrijeme Svete Mise kako bi bile s Bogom i u Bogu.

Sveta Marijo, Majko Božja, Kraljice mira, moli za mene, koji prikazujem, i za I. za kojeg prikazujem žrtvu tvoga Sina.

Ti si, Marijo, najdublje povezana s Isusovom mukom i smrću: ti si stajala pod njegovim križem, ti si mu bila utjeha i snaga u njegovim najtežim trenucima, ti si iskusila svu dubinu boli koja je drugim ljudima ostala sakrivena.

Tebi je, Marijo, mač boli probio srce, kako bi nama slabima i grešnima mogla pomoći da otkrijemo stvarne namisli svojih srca, da otkrijemo stvarne motive po kojima živimo, da se pokajemo i da živimo.

Zato, Marijo, ne mogu Ocu prikazivati žrtvu tvoga Sina, a da istovremeno ne prikažem tvoju žrtvu, da ne prikažem žrtve svih onih koji kroz stoljeća sjedinjuju svoje trpljenje s trpljenjem tvoga Sina i da ne prikažem svoje trpljenje, koje i ja želim sjediniti s trpljenjem tvoga sina za I. spasenje.

Sveta Marijo, Majko Božja, prinesi svojem umirućem Sinu, I. za čije spasenje prikazujem njegovu žrtvu Ocu.

Neka tvoja ljubav, Marijo, dopre do onih dijelova njegove duše koji se neće moći oduprijeti tvojoj majčinskoj ljubavi.

Neka ga tvoja ljubav, Marijo, privuče tvom Sinu Isusu kako bi mogao povjerovati u njegovo milosrđe i kako bi mogao zazvati njegovo ime.

Izmoli mi, Marijo, milost da i ja, sve dublje i dublje, spoznajem smisao prikazivanja vlastitih odricanja i trpljenja kako bih, sa što više vjere i što većom ljubavlju, mogao prikazivati Isusovu žrtvu za duše koje su potrebne milosti otkupljenja.

Sveti Josipe, ti si iskusio milost blažene smrti jer si pravedno živio, jer si vjerovao u Isusa spasitelja i jer su uz tebe na času tvoje smrti bili Isus i Marija.

Sveti Josipe, nado umirućih, moli za I. da može umrijeti u miru, okrijepljen svetim sakramentima, opravdan krvlju Janjetovom i okružen Božjim anđelima.

Sveti apostoli Petre i Ivane, sveti Franjo Asiški, sveta Klaro, sveti Franjo Ksaverski, sveta Terezijo Avilska, sveta Mala Terezijo, sveti Padre Pio, sveti Leopolde Bogdane Mandiću, blaženi Alojzije Stepinče, svi sveti kojima se je ikad molio pomozite mu ljubeći ga pred Božjim prijestoljem.

(Sjeti se i drugih svetaca kojima se moliš.)

Duše u Čistilištu, molite za I., pomozite mu da primi spasenje.

Molite i za mene kako bih u svetoj misnoj žrtvi sudjelovao sa što većim žarom.

Ja ću za vas moliti Gospodina, svjestan da ću možda i ja jednog dana vapiti iz Čistilišta.

Pričesna meditacija

Gospodine Isuse, Jaganjče Božji, I. možda nije dostojan da uniđeš pod njegov krov, nije dostojan da uniđeš u njegovu dušu, ali te ipak svim srcem molim da ga ispuniš svojom prisutnošću.

Jer, Gospodine, kako će sam po sebi postati dostojan?

Kako će, Gospodine, sam zapaliti svjetlost u duši kad si jedini ti Svjetlost, kad ti jedini možeš prosvijetliti njegove tame, kad ti jedini možeš učiniti da srcem progleda, da srcem pročuje, da srcem razumije – da se iskreno pokaje i primi Svjetlost?

Kako će, Gospodine, bez tvoje milosti praštati, kako će se iskreno kajati, kako će s vjerom moliti, kako će se spasiti?

Kako će, Gospodine, bez tebe, koji si jedini pravi Mir, umiriti svoju dušu?

Kako će, Gospodine, njegova duša živjeti ako ti, koji si Život, ne prebivaš u njoj?

Kako će, Gospodine, njegova duša ljubiti ako u njoj ne prebiva Ljubav?

Gospodine, kako će ti biti zahvalan, kako će te slaviti, kako će te blagoslivljati, ako njegova duša ne okusi tvoju svetu prisutnost, ako ne iskusi tvoj sveti mir, ako ne kuša tvoju radost?

Uđi, Gospodine, kao njegov otkupitelj i spasitelj, kao njegov učitelj, i budi kralj njegovog srca.

Uđi, Isuse, reci Riječ i ozdravit će mu duša.

Uđi, Isuse u njegovo srce, privuci ga na svoj križ, neka ti preda svoje grijehe, neka ti preda svoje srce.

Uđi, Isuse, i uvedi ga u svoje kraljevstvo ljubavi, pravednosti i mira.

Hvalim te, moj Bože, slavim te i blagoslivljam.

Klanjam ti se i zahvaljujem ti radi tvoje velike dobrote.

Jer ti si jedini svet.

Ti si jedini Gospodin.

Ti si jedini Svevišnji, Isuse Kriste.

Sa Svetim Duhom, u slavi Boga Oca.

Amen.

Dodatak

Uvjeren sam da se Sveta Misa može na ovaj način prikazivati i za one koji su već umrli, bez obzira koliko je vremena prošlo od njihove zemaljske smrti. Bog je unaprijed vidio naše usrdno prikazivanje i smatram da ne postoji razlog da ga ne prihvati. Posebno je to važno za one koji su umrli bez sakramenata, za one koji su umirali u posebno teškim okolnostima i za sve one za koje nismo sigurni jesu li umrli u milosti.

Mislim da je prikazivanje ove nakane djelo velikog milosrđa za apsolutno svaku osobu za koju je odlučimo prikazati. Zasigurno bi svatko od nas volio da u trenucima odlaska s ovoga svijeta ima nekoga tko će ga s vjerom i ljubavlju zastupati pred Isusom. To je i razlog zašto na kraju svake *Zdravomarije* molimo Blaženu Djevicu Mariju da moli za nas grešnike na času naše smrti.

Budući da sam Svetu Misu na ovu nakanu bio više puta potaknut prikazati za određene osobe koje su pokojne već duže vrijeme, duboko sam uvjeren da nam je na taj način dana nevjerojatna mogućnost da plodonosno sudjelujemo u spašavanju mnogih duša za nebo, pogotovo onih koje bez našeg zagovora ne bi imale nikakve šanse za spasenje. Sjetimo se onih za koje znamo da su umrli bez sakramenta Ispovijedi, ali i onih koji su umirali sami, bez obitelji i prijatelja, onih koji su umirali u bolovima, u mržnji, s osjećajima odbačenosti, krivnje i razočaranja, onih koji su počinili samoubojstvo.

Kad prikazujem Misu na ovu nakanu, Duh Sveti mi stavlja na srce i druge osobe potičući me da ih 'pridružim' toj istoj nakani. Čvrsto sam uvjeren da je ponekad za nečije spasenje dovoljna jedna jedina iskrena molitva izrečena svim srcem. A svim srcem molimo kad smo u Bogu.

Za vlastito ozdravljenje

Svemogući vječni Bože, spasenje svih vjernih! Zazivamo tvoje milosrđe za naše bolesnike: vrati im zdravlje i daj da ti zahvaljuju u tvojoj Crkvi.

(Zborna molitva, za bolesnike)

(Započni znakom križa.)

Neka ova priprema bude u ime Oca i Sina i Duha Svetoga!

Neka sa mnom bude tvoja milost, Gospodine Isuse Kriste, tvoja ljubav, Bože Oče, i tvoje vodstvo, Duše Sveti.

Nakana

Vječni Oče, prikazujem ti žrtvu tvoga preljubljenog Sina, Gospodina našega Isusa Krista, za otkupljenje od moje bolesti.

(U srcu si još jednom posvijesti o kojoj se bolesti ili o kojim se bolestima radi.)

Zahvala za dar života

Zahvaljujem ti, Gospodine, za dar života.

Ti si me zamislio i stvorio čudesno, na svoju sliku i priliku.

Stvorio si me da živim vječno dajući mi priliku da ovozemaljskim životom odredim kakva će vječnost biti za mene.

U dubinu duše utisnuo si mi ljubav spremnu na žrtvu, spremnu na opraštanje, blagoslivljanje i zahvaljivanje; spremnu na davanje i pomaganje.

Utisnuo si mi ljubav koju u punini mogu iskusiti i živjeti jedino u tebi.

Ti si me, Oče nebeski, u sakramentu krštenja s bezgraničnom ljubavlju priznao svojim posinjenom sinom i pozvao me da tu ljubav otkrivam i živim uz pomoć Duha Svetoga.

Hvala ti, Gospodine, što si ti izabrao vrijeme i mjesto mog rođenja.

(Sjeti se datuma i mjesta rođenja.)

Hvala ti što si mi ti izabrao obitelj i životnu situaciju u kojoj sam se rodio.

(Sjeti se svakog člana obitelji pojedinačno.)

Hvala ti, Gospodine, za sve dane u kojima sam uživao blagoslov zdravlja.

Zahvala za dobročinstva

Hvala ti za svaku osobu koja mi je u životu bila važna.

(Sjeti se nekih.)

Hvala ti za sve one koji su mi činili dobro.

(Sjeti se nekih.)

Hvala ti, Gospodine, za one koji su mi uzor vjere u tebe, za one koji su me poučavali i govorili mi o tebi.

(Sjeti se nekih.)

Hvala ti, Gospodine, za sve one koji se brinu za nas bolesnike; hvala ti za liječnike, medicinske sestre i njegovatelje;

hvala ti za sve one koji se trude pronaći nove lijekove;

hvala ti za one koji za nas mole, koji nam svjedoče svoju vjeru i koji za nas prikazuju razne žrtve.

Posebno ti hvala za one koji se brinu za mene osobno.

(Sjeti se onih koji se brinu za tebe i zahvali za svakoga od njih.)

Hvala ti, Oče ljubljeni, što si poslao svog anđela da mi služi, da mi u svemu pomaže kako bih i ja mogao baštiniti spasenje.

(Zahvali sada svojim riječima svojem anđelu.)

Hvala ti za pomoć svetaca koji rado odgovaraju na molitve koje im upućujemo s pouzdanjem u njihov zagovor, u njihovu pomoć.

(Zahvali sada svakom svecu kojemu se moliš.)

Najviše ti zahvaljujem za pomoć i zagovor tvoje i moje majke Blažene Djevice Marije.

(Izmoli barem jednu Zdravomariju svim srcem i zahvali joj na svemu što je za tebe učinila do sada.)

Gospodine, želim ti zahvaliti za sva ostala dobra koja sam do sada od tebe primio.

(Pokušaj zahvaliti za što više dobroga, a pogotovo zahvali na onome za što mu do sada nikad nisi. Ostani sada samo kratko u zahvaljivanju i nastavi kad ćeš god biti u prilici da budeš nasamo s Gospodinom.)

Zahvala za Božju blizinu

Hvala ti, Spasitelju moj, što si spreman uključiti se u svaku životnu situaciju u koju te pozovem svim srcem.

(Pozovi sada Isusa u svoju životnu situaciju vapeći iz sveg srca.)

Ti si nam, Gospodine, darovao Duha Svetoga kako bih se mogli uvijek iznova napunjati njegovom milošću, kako bi mogli uvijek iznova dolaziti u tvoju prisutnost, u tebe ulaziti i u tebi ostajati.

(Zazovi sada, svim srcem, Duha Svetoga da te uvede u Božju prisutnost.)

Kad sam u tvojoj prisutnosti, Bože moj, ti me odmaraš, oslobađaš i ozdravljaš moj duh, dušu i tijelo;

kad sam u tvojoj prisutnosti, ti me poučavaš i mijenjaš;

kad sam u tvojoj prisutnosti, daješ mi svoju ljubav kojom mogu svakome oprostiti i za svakoga se žrtvovati;

kad sam u tvojoj prisutnosti, otkupitelju moj, daješ mi vjeru srca kojom mogu za svakoga moliti;

kad sam u tvojoj prisutnosti, daješ mi snagu volje da se mogu odupirati grijehu i da mogu ustrajati na putu spasenja.

Kad sam u tvojoj prisutnosti, vječni Oče, ispunjaš me svojim svetim mirom i radošću.

Gospodine, kad nisam s tobom, često sam ti nezahvalan i često padam u grijeh; često pokušavam opravdati svoje grijehe, često moje kajanje nije iskreno.

Hvala ti što me potičeš da te tražim i nalazim: u molitvi, u *Svetom pismu*, u sakramentima, u nadahnutim knjigama, u bližnjima potrebnima tvoga milosrđa...

Zahvala za spasenje

Gospodine, ti mi nudiš svoje obilje života, nudiš mi samoga sebe, a ja prečesto biram svoje verzije obilja života i svoje idole koje stavljam ispred tebe i bližnjih.

Znam, Gospodine, da se bez tebe, bez tvog oproštenja ne mogu spasiti.

Zato ti, hvala, Oče, što si dao svoga Jedinorođenog Sina Isusa Krista da nijedan koji u njega vjeruje ne propadne, već da ima život vječni.

Hvala ti, Isuse, što si umjesto mene platio kaznu za moje grijehe i za moje opačine.

Hvala ti što, trpeći i umirući na križu, želiš na sebe uzeti i moje boli, i moja poniženja, i moju povrijeđenost, i moju odbačenost;

hvala ti što želiš uzeti i moju krivnju, i moju bespomoćnost i moje strahove.

Hvala ti što želiš ponijeti i moje bolesti i što želiš i mene svojim ranama iscijeliti.

Hvala ti, Gospodine, za tvoju neizmjernu ljubav prema prezrenima, odbačenima, bolesnima i svim drugim patnicima.

Hvala ti za ljubav koju imaš prema nama grešnicima.

Pokajanje

Isuse na križu razapeti, donosim ti svoje pokajanje.

Samo ti, Isuse, znaš koliko sam ti bio nezahvalan za sve one dane u kojima sam imao blagoslov zdravlja.

Oprosti mi.

Samo ti, Oče sveti, znaš na koji sam način koristio zdravlje kad sam ga imao.

Oprosti mi.

Samo ti, Gospodine, znaš koliko su moji grijesi doprinijeli da dođe do ove bolesti.

Gospodine, samo ti znaš koliko sam ugrožavao svoje zdravlje neurednim i neodgovornim životom.

Samo ti, Isuse, znaš koliko sam puta sagriješio mislima, riječima i djelima.

Samo ti, Gospodine, znaš koliko sam puta sagriješio protiv tebe, protiv sebe i protiv svojih bližnjih.

Samo ti, Bože moj, znaš koliko sam im boli nanio.

(Zastani i sjeti se nekih svojih grijeha, a posebno onih za koje se nikad nisi pokajao i pokaj se.)

Oprosti mi, Gospodine, i molim te da onima koje sam povrijedio podariš milost kako bi mi mogli oprostiti.

Molim te da ih otkupiš od posljedica mojih grijeha, da im iscijeliš rane i svojom im milošću nadoknadiš za boli koje sam im prouzročio.

Oprosti mi, Gospodine, što u napastima nisam dolazio k

tebi po pomoć, što nisam ulazio u molitvu, u tvoju prisutnost koja me je jedino mogla zaštiti od napasti kojima se sam nisam mogao oduprijeti.

Odricanje od đavolskih djela

Molim te, Gospodine, oprosti mi svaki i najmanji dodir s đavolskim.

(Sjeti se takvih grijeha i pokaj se svim srcem.)

Gospodine, Bože moj, svjestan da se nalazim u tvojoj prisutnosti, u tvojoj potpunoj zaštiti, čitavim se svojim bićem odričem svakog djelovanja đavolskih sila i molim te da me svojom predragocjenom krvlju potpuno oslobodiš:

- od svakog utjecaja gatanja
- od svakog utjecaja čaranja
- od svakog utjecaja bajanja
- od svakog utjecaja vračanja
- od svakog utjecaja uroka
- od svakog utjecaja proklinjanja...

(Tiho u svojem srcu ponavljaj: Odričem se, odričem se, odričem se, odričem se, odričem se, odričem se, odričem se...)

Isuse molim te da od mene odagnaš svakog duha začetnika bolesti i da mu zabraniš da se više vraća.

Neka tvoja krv, Gospodine, opere moju savjest i moju dušu od svih nečistoća jer želim biti čist pred tobom, jer želim da ti jedini budeš kralj mog srca i cijelog mog života.

(Tiho u svojem srcu ponavljaj: Isuse, budi moj kralj, budi moj kralj, Isuse, budi moj kralj Isuse...

Opraštanje

Gospodine, samo ti znaš koliko sam puta propustio oprostiti onima koji su me povrijedili.

Samo ti znaš koliko puta, zbog povrijeđenosti i ponosa, to nisam htio učiniti.

Gospodine, mnogo puta sam htio oprostiti, ali zbog prevelike boli nisam mogao.

Gospodine, ti si nam rekao da bez tebe ne možemo učiniti ništa.

Oprosti mi što tada nisam u molitvi dolazio k tebi kako bi mi tvoja milost pomogla oprostiti.

Gospodine, ti si nam rekao da ćeš nam oprostiti onako kako ćemo mi oprostiti onima koji su nas povrijedili.

Zato, Gospodine, sada zaista želim oprostiti svima koji su me na bilo koji način povrijedili.

Želim oprostiti onima za koje znam da su me povrijedili, ali i onima za koje ne znam da su sagriješili protiv mene.

Isuse, želim oprostiti i, tvojom milošću, zaista opraštam onima kojima je žao i koji se kaju, ali i onima koji se ne kaju i kojima, iz bilo kojeg razloga, nije žao što su me povrijedili ili to čine još uvijek.

Dobri Bože, opraštam i onima koji nisu bili svjesni da mi nanose bol.

Gospodine, posebno mi je stalo do toga da oprostim svojim roditeljima.

Znam, Gospodine, da mnogo puta nisu bili svjesni da mi nanose bol i da često nisu znali ili nisu mogli biti bolji prema meni.

Želim ocu i majci oprostiti sve situacije u kojima se nisam osjećao prihvaćenim:

- situacije u kojima sam bio razdvojen od njih (napušten)
- situacije u kojima mi nisu vjerovali
- situacije u kojima me nisu zaštitili
- situacije u kojima su me nepravedno kaznili
- situacije u kojima mi nisu pružili podršku
- situacije u kojima mi nisu iskazali bliskost, nježnost i prisnost koja mi je tada silno trebala.

Želim ocu i majci oprostiti sva njihova očekivanja s kojima se nisam znao, mogao ili htio nositi.

Želim im oprostiti situacije u kojima su me povrijedili svojim riječima.

Želim ocu i majci oprostiti situacije u kojima sam se osjećao manje voljenim od brata ili sestre.

Želim im oprostiti situacije u kojima sam se zbog njih osjećao poniženo i posramljeno.

Isuse, želim im oprostiti što se nisu dovoljno potrudili da me upoznaju, što mi nisu dali dovoljno svojeg vremena, dovoljno svoje pažnje.

Opraštam im, Isuse, i sve ono što su drugima činili krivo, opraštam im sve njihove trenutke slabosti, sebičnosti, škrtosti, neumjerenosti...

Na poseban ti način donosim ono što me je najviše povrijedilo.

(Pokušaj se sjetiti najbolnijih situacija povezanih s roditeljima i oprosti.)

144

Gospodine, donosim ti i druge osobe koje su me povrijedile i učinile da se osjećam odbačenim i manje vrijednim.

(Sjeti se braće, djedova i baka, prijatelja, učitelja, supružnika, djece, radnih kolega i šefova na poslu, osoba u koje si bio zaljubljen, osoba koje su te zlostavljale...)

Gospodine, opraštam jer i ja često jednako griješim, jer i ja želim da mi bude oprošteno.

Isuse, opraštam jer želim da moje srce bude čisto, jer želim živjeti u tvom svetom miru.

Oče naš, opraštam svima jer si nas sve stvorio s ljubavlju i čezneš da se svaki od nas grešnika obrati i živi.

(U srcu kratko vrijeme ponavljaj: "Opraštam, opraštam, opraštam..." Dozvoli da ti Duh Sveti za to vrijeme u misli donosi osobe kojima trebaš oprostiti.)

Gospodine, opraštam i samom sebi sve ono što si mi ti u svojoj ljubavi već oprostio, opraštam jer znam da i ti želiš da si oprostim.

(Ovdje se posebno sjeti svojih najtežih grijeha i oprosti si.)

Isuse, vjerujem da ću puninu milosti opraštanja iskusiti u susretu s tobom u Euharistiji, u susretu s ljubavlju kojom si nas ljubio na križu.

Molitva za ozdravljenje

Ti si, Gospodine Isuse, došao odmoriti umorne i opterećene, došao si iscijeliti slomljena srca, došao si izliječiti svaku bolest i svaku nemoć u narodu, došao si otkupiti i osloboditi sve koje muči Đavao; došao si proglasiti vrijeme milosti Gospodnje.

Ti si, Isuse, isti jučer, danas i sutra.

Ti, Isuse, i danas prolaziš zemljom čineći dobro onima koji dolaze k tebi i zato su moje oči uprte u tebe.

Gospodine, ti znaš kojim sam duševnim bolima svezan, ti znaš koje mi boli donose nutarnji nemir, ti znaš koje mi boli oduzimaju radost.

Ti, Gospodine, znaš koje rane srca negativno utječu na moju bolest.

Otkupi me, Gospodine, iscijeli me, izliječi i oslobodi.

Ti, Isuse, znaš zbog kojih rana ne mogu iskreno, onako kako bih htio, voljeti bližnje, zbog kojih rana ne mogu do kraja dopustiti da oni vole mene.

Molim te, Gospodine, otkupi me i od negativnih osjećaja proizašlih iz ranjenosti i neopraštanja: otkupi me od osjećaja odbačenosti, od osjećaja manje vrijednosti, od osjećaja krivnje; otkupi me od razočaranja, gorčine i samosažaljenja; otkupi me od strahova, depresije i tjeskobe.

Otkupi me, Gospodine, iscijeli me, izliječi i oslobodi.

Uzmi, Gospodine, moje boli na sebe.

Gospodine Isuse Kriste, predajem ti svoju bolest, predajem ti svoj život i molim te da uđeš u moje srce kao moj otkupitelj i spasitelj, molim te da uđeš u moj život kao liječnik moje duše i čitavog mog bića.

Neka bude tvoja volja.

Ti budi kralj mog srca i mog života.

Ti mi, Gospodine, možeš podariti zdravlje i dati mi priliku da živim novim životom.

Ti mi, Gospodine, možeš podariti spoznaju vrijednosti trpljenja sjedinjena s tvojom mukom i tako mom životu dati novi smisao.

Ti me, Gospodine, možeš pozvati u svoje vječno kraljevstvo ljubavi, pravednosti i mira.

Gospodine, ako me ozdraviš, podari mi milost da svoje zdravlje upotrijebim za vječno dobro.

Ako mi, Gospodine, podariš milost da spoznam vrijednost trpljenja, podari mi skrovitost i poniznost kako se ne bih uzoholio.

Ako me, Gospodine, pozoveš k sebi, podari mojim bližnjima spoznaju da ću uvijek biti uz njih svojim zagovorom i da smrt nije gubitak već samo rastanak do ponovnog sastanka u nebu. Podari mojim bližnjima čvrstu vjeru u tebe i u vječni život – kako bi naša radost u vječnosti bila potpuna.

Oče ljubljeni, molim te, dok ti prikazujem žrtvu tvoga Sina, podari mi svoj sveti mir, podari mi milost strpljenja i milost podnošenja i prikazivanja trpljenja.

Oče nebeski, dok čekam tvoje otkupljenje, želim svoje trpljenje sjediniti s Isusovom otkupiteljskom žrtvom i prikazivati ga kako za one koje sam ranio svojim grijesima, tako i za druge bolesnike i patnike kojima je potrebno tvoje milosrđe.

Daj mi u tome svoju mudrost, skrovitost i poniznost.

Izricanje vjere

Gospodine, vjerujem da ću na Svetoj Misi slušati tvoju riječ, vjerujem da ćeš mi progovoriti, vjerujem da ćeš me poučiti, da ćeš me utješiti i ohrabriti.

Gospodine, vjerujem da ćeš me čitavu Misu privlačiti k sebi.

Vjerujem da želiš da moje misli i moje srce tijekom Svete Mise budu usmjerene na tebe; vjerujem da želiš da čitavim svojim bićem uranjam u tebe.

Isuse, spasitelju moj, vjerujem da želiš da iskusim tvoj sveti mir, tvoju dobrotu, tvoju blizinu, tvoju brigu; vjerujem da želiš da na Svetoj Misi iskusim tvoju svetu prisutnost.

Gospodine, Isuse Kriste, moj spasitelju i otkupitelju, čvrsto vjerujem da ću u pričesti blagovati tvoje tijelo i tvoju krv, blagovati tebe, žrtvenog Jaganjca koji si bio ubijen za nas.

Vjerujem da ti, Isuse, pričešću ulaziš u mene kao pravi Bog i pravi čovjek, sa svojom božanskom i ljudskom ljubavlju.

I ja, Gospodine, želim ući u tebe, sa svom svojom ljudskom bijedom.

Vjerujem da je pričest, po kojoj si ti u meni i ja u tebi, izvor i središte mojeg života.

Vjerujem, Gospodine, da ću po blagovanju tebe, žrtvenog Jaganjca, stvarno sudjelovati u tvojoj otkupiteljskoj žrtvi, prikazujući je Ocu za svoje potrebe i za potrebe drugih.

Gospodine, vjerujem da me po čudu Euharistije želiš prenijeti na Golgotu, vjerujem da želiš da duhom prisustvujem trenucima tvog umiranja na križu.

Želim te, Gospodine, zagrliti na tvojem križu i predati ti svoju bolest.

Želim ti, Isuse, predati potrebe i svih onih za koje te molim.

(Sjeti se osoba kojima želiš posredovati Božju milost otkupljenja, posebno bolesnika koje poznaješ.)

Želim ti, Gospodine, u tim trenucima posvetiti svu svoju pažnju, želim te ljubiti čitavim svojim bićem, želim se potpuno predati tvojoj dobroti i ljubavi.

Bože moj, želim ti zahvaljivati, želim te slaviti, i želim uživati tvoju svetu prisutnost.

Želim, Isuse, ljubeći te u tim trenucima, učiti ljubiti svoje bližnje.

Blagoslivljam te, Gospodine, blagoslivljam tvoju milosnu prisutnost koju ću kušati u Misama u kojima ću Ocu prikazivati ovu nakanu, dok se ona ne ostvari.

Hvala ti što znam da ćeš me u svakoj Misi pripremati dokle god ne budem spreman potpuno ti se predati.

Molitva za pomoć

Duše Sveti, molim te, vodi me kroz Svetu Misu.

Neka moje misli, Duše Sveti, budu, tvojom milošću, usklađene s mojim riječima.

Daj da me tvoja milost, Duše Sveti, toliko zahvati da se mogu zaista, svim svojim srcem predati u Očevu volju i primiti otkupljenje.

Hvala ti, Duše Sveti, što mi pomažeš jer bez tvoje milosti ne znam i ne mogu pravo moliti.

Anđele čuvaru moj, čuvaj moje misli i moje srce za vrijeme Svete Mise kako bi bili s Bogom i u Bogu.

Sveta Marijo, Majko Božja, Kraljice mira, moli za mene.

Ti si, Marijo, najdublje povezana s Isusovom mukom i

smrću: ti si stajala pod njegovim križem, ti si mu bila utjeha i snaga u njegovim najtežim trenucima, ti si iskusila svu dubinu boli koja je drugim ljudima ostala sakrivena.

Tebi je, Marijo, mač boli probio srce, kako bi nama slabima i grešnima mogla pomoći da otkrijemo stvarne namisli svojih srca, da otkrijemo stvarne motive po kojima živimo, da se pokajemo i da živimo.

Ti si, Marijo, zajedno s njime dijelila bol odbačenosti, prezrenosti, neželjenosti, razočaranja, napuštenosti, izdaje, stida...

Ti si sa svojim Sinom proživljavala njegov smrtni strah i tjeskobu.

Ti, majko moja i majko Božja, poznaješ i sve moje boli, znaš sve moje strahove, znaš sve moje negativne osjećaje, ti poznaješ sve moje slabosti.

Ti, Marijo, znaš koliko vapim za mirom u duši, koliko vapim za slobodom od grijeha, koliko vapim za Božjom blizinom i nježnošću.

Ti, Marijo, majko moja, znaš koliko vapim za ozdravljenjem.

Ti si, Sveta Marijo, vidjela i iskusila Isusovu bol zbog onih za koje je njegova žrtva bila uzaludna, zbog onih koji neće povjerovati, neće oprostiti i neće mu predati svoje grijehe, boli i bolesti.

Sveta Marijo, Majko Božja i Majko moja, izmoli mi milost da se mogu potpuno predati u Božje milosrđe i primiti puninu Isusova otkupljenja kako njegova žrtva ne bi za mene bila uzaludna, kako bi njegova, tvoja i moja radost bile potpune.

Marijo, ne mogu Ocu prikazivati žrtvu tvoga Sina, a da istovremeno ne prikažem tvoju žrtvu, da ne prikažem žrtve svih onih koji kroz stoljeća sjedinjuju svoje trpljenje s trpljenjem tvoga Sina i da ne prikažem svoje trpljenje, koje i ja želim svim srcem sjediniti s Kristovim trpljenjem.

Izmoli mi, Marijo, milost da i ja, sve dublje i dublje, spoznajem smisao prikazivanja vlastitih odricanja i trpljenja kako bih, sa što više vjere i što većom ljubavlju, mogao prikazivati Isusovu žrtvu za duše koje su potrebne milosti otkupljenja.

Neka tvoja ljubav, Marijo, dopre do moje duše i neka me tvoja majčinska ljubav oslobodi da se mogu potpuno predati u milosrđe tvoga Sina Isusa.

Sveti Josipe, sveti Božji ljubimče, moli za mene.

Sveti apostoli Petre i Ivane, sveti Franjo Asiški, sveta Klaro, sveti Franjo Ksaverski, sveta Terezijo Avilska, sveta Mala Terezijo, sveti Padre Pio, sveti Leopolde Bogdane Mandiću, blaženi Alojzije Stepinče, svi sveti kojima sam se ikad molio pomozite mi ljubeći me pred Božjim prijestoljem.

(Sjeti se i drugih svetaca kojima se moliš.)

Duše u Čistilištu, molite za mene kako bih u svetoj misnoj žrtvi sudjelovao sa što većim žarom.

Pričesna meditacija

Gospodine Isuse, Jaganjče Božji, nisam dostojan da uniđeš pod moj krov, nisam dostojan da uniđeš u moju dušu, ali te ipak svim srcem molim da me ispuniš svojom prisutnošću.

Jer, Gospodine, kako ću sam po sebi postati dostojan?

Kako ću, Gospodine, sam zapaliti svjetlost u svojoj duši kad si ti Svjetlost, kad ti jedini možeš prosvijetliti moje tame, kad ti jedini možeš učiniti da srcem progledam, da srcem pročujem, da srcem razumijem – da se iskreno pokajem i primim Svjetlost?

Kako ću, Gospodine, sam zacijeliti rane koje mi ne daju da ti povjerujem svim srcem i da ti predam svoju prošlost, sadašnjost i budućnost?

Kako ću, Gospodine, bez tebe, koji si jedini pravi Mir, umiriti svoju dušu?

Kako će, Gospodine, moja duša živjeti ako ti, koji si Život, ne prebivaš u njoj?

Kako će, Gospodine, moja duša učiti ljubiti ako u njoj ne prebiva Učitelj, ako u njoj ne prebiva Ljubav?

Gospodine, kako ću ti zahvaljivati, kako ću te slaviti, kako ću te blagoslivljati, ako moja duša ne okusi tvoju svetu prisutnost, ako ne iskusi tvoj mir, ako ne kuša tvoju radost?

Uđi, Gospodine, kao moj otkupitelj i moj spasitelj, kao moj učitelj i iscjelitelj, uđi i budi kralj moga srca.

Uđi, Isuse, reci Riječ i ozdravit će čitavo moje biće.

Uđi, Isuse, u mene, privuci me na svoj križ, uvuci me u svoje srce, jer ti želim predati svoje boli, jer ti želim predati svoje ranjeno srce, jer ti želim predati svoju bolest.

Uđi, Isuse, i nauči me ljubiti onako kako si nas ti ljubio.

Hvalim te, Isuse, slavim te i blagoslivljam.

Klanjam ti se i zahvaljujem ti radi tvoje velike slave i dobrote.

Jer ti si jedini svet.

Jer ti si jedini Gospodin.

Jer ti si jedini Svevišnji, Isuse Kriste.

Sa Svetim Duhom, u slavi Boga Oca.

Amen.

Izricanje vjere

Gospodine, vjerujem da ću na Svetoj Misi slušati tvoju riječ, vjerujem da ćeš mi progovoriti, vjerujem da ćeš me poučiti, da ćeš me utješiti i ohrabriti.

Gospodine, vjerujem da ćeš me čitavu Misu privlačiti k sebi.

Vjerujem da želiš da moje misli i moje srce tijekom Svete Mise budu usmjerene na tebe; vjerujem da želiš da čitavim svojim bićem uranjam u tebe.

Isuse, spasitelju moj, vjerujem da želiš da iskusim tvoj sveti mir, tvoju dobrotu, tvoju blizinu, tvoju brigu; vjerujem da želiš da na Svetoj Misi iskusim tvoju svetu prisutnost.

Gospodine, vjerujem da ću po čudu, po sakramentu Euharistije, blagovati tvoje tijelo i tvoju krv, blagovati tebe, žrtvenog Jaganjca koji si bio prezren, izdan, odbačen i ponižen;

vjerujem da ću blagovati tebe koji si pretrpio smrtni strah i tjeskobu znojeći se krvavim znojem;

vjerujem da ću blagovati tebe koji si bio lažno osuđen, zvjerski mučen, razapet i ubijen za mene.

Vjerujem, Isuse, da po tom najsvetijem daru, po tom najvećem čudu, po sakramentu Euharistije, ti ulaziš u mene kao pravi Bog i pravi čovjek, sa svojom božanskom i ljudskom ljubavlju.

I ja, Gospodine, želim ući u tebe, sa svom svojom ljudskom bijedom, sa svim svojim duševnim ranama, negativnim osjećajima, strahovima, psihičkim smetnjama i grešnim ovisnostima.

Vjerujem, Gospodine, da ulaziš u mene kako bih i ja mogao ući u tebe, kako bih u tebi, u tvojoj ljubavi s križa, pronašao milost da u dubini duše svima oprostim i da, vjerom srca, zajedno s tobom molim Oca za one koji su me povrijedili.

Vjerujem, Isuse, da ulaziš u mene i da ja ulazim u tebe kako bih ti u slobodi srca, u potpunom povjerenju u tvoju dobrotu mogao predati svoje duševne rane i sve ono negativno što je iz njih proizašlo, kako bih mogao primiti tvoje otkupljenje, iscjeljenje i oslobođenje.

Gospodine, vjerujem da ću u Euharistiji biti jedno s tobom, vjerujem da ću biti dionik tvoje čudesne ljubavi s križa.

Vjerujem, Gospodine, da blagujući tvoje Tijelo, zaista sudjelujem u tvojoj žrtvi, da ju prinosim Ocu i primam milost otkupljenja, da primam milost nutarnjeg iscjeljenja i oslobođenja, da primam Očevu ljubav, koja se po Duhu Svetome razlijeva u mojem srcu, da primam tvoj sveti mir, Isuse.

Vjerujem, Gospodine, da tvojom krvlju obnavljam svoj krsni savez s tobom.

Vjerujem da mi opraštaš, da me oslobađaš i uvijek iznova ispunjaš Duhom Svetim.

Vjerujem, Gospodine, da nema veće ljubavi, da nema veličanstvenijeg čuda od Euharistije, u kojoj nam ti daruješ samoga sebe.

(Ostani sada nekoliko minuta u zahvaljivanju. Izgovaraj mu svoje: „Hvala ti, Isuse, hvala ti, Gospodine, hvala ti, spasitelju i otkupitelju moj..." tako dugo dok u srcu ne iskusiš mir.)

Za otkupljenje od grešne ovisnosti

Gospodine Bože naš, smjerno te molimo: djelovanjem ovog otajstva očisti nas od zlih sklonosti i ispuni nam želju za spasenjem. Po Kristu.

(Popričesna molitva – druga nedjelja po Božiću)

(Započni znakom križa.)

Neka ova priprema bude u ime Oca i Sina i Duha Svetoga!

Neka sa mnom bude tvoja milost, Gospodine Isuse Kriste, tvoja ljubav, Bože Oče, i tvoje zajedništvo, Duše Sveti.

Nakana

Vječni Oče, prikazujem ti žrtvu tvoga preljubljenog sina, Gospodina našega Isusa Krista kako bih njegovom ljubavlju s križa bio otkupljen od grešnih ovisnosti, grešnih sklonosti i grešnih navezanosti.

(Posvijesti si grešnu ovisnost, sklonost i navezanost za koju prikazuješ.)

Zahvala za dar života

Zahvaljujem ti, Gospodine, za dar života.

Ti si me zamislio i stvorio čudesno, na svoju sliku i priliku.

Stvorio si me da živim vječno dajući mi priliku da ovozemaljskim životom odredim kakva će vječnost biti za mene.

U dubinu duše utisnuo si mi ljubav spremnu na žrtvu, spremnu na opraštanje, blagoslivljanje i zahvaljivanje; spremnu na davanje i pomaganje.

Utisnuo si mi ljubav koju u punini mogu iskusiti i živjeti jedino u tebi.

Ti si me, Oče nebeski, u sakramentu krštenja s bezgraničnom ljubavlju priznao svojim posinjenom sinom i pozvao me da tu ljubav otkrivam i živim uz pomoć Duha Svetoga.

Hvala ti, Gospodine, što si ti izabrao vrijeme i mjesto mog rođenja.

(Sjeti se datuma i mjesta rođenja.)

Hvala ti što si mi ti izabrao obitelj i životnu situaciju u kojoj sam se rodio.

(Sjeti se svakog člana obitelji pojedinačno.)

Hvala ti, Gospodine, za sve dane u kojima sam uživao blagoslov zdravlja.

Zahvala za dobročinstva

Hvala ti za svaku osobu koja mi je u životu bila važna.

Hvala ti za sve one koji su mi činili dobro.

(Sjeti se nekih.)

Hvala ti, Gospodine, za one koji su mi uzor vjere u tebe, za one koji su me poučavali i govorili mi o tebi.

(Sjeti se nekih.)

Hvala ti, Oče ljubljeni, što si poslao svog anđela da mi služi, da mi u svemu pomaže kako bih i ja mogao baštiniti spasenje.

(Zahvali sada svojim riječima svojem anđelu.)

Hvala ti za pomoć svetaca koji rado odgovaraju na molitve koje im upućujemo s pouzdanjem u njihov zagovor, u njihovu pomoć.

(Zahvali sada svakom svecu kojemu se moliš.)

Najviše ti zahvaljujem za pomoć i zagovor tvoje i moje majke Blažene Djevice Marije.

(Izmoli barem jednu Zdravomariju svim srcem i zahvali joj na svemu što je za tebe učinila do sada.)

Gospodine, želim ti zahvaliti za sva ostala dobra koja sam do sada od tebe primio.

(Pokušaj zahvaliti za što više dobroga, a pogotovo zahvali na onome za što mu do sada nikad nisi. Ostani sada samo kratko u zahvaljivanju i nastavi kad ćeš god biti u prilici da budeš nasamo s Gospodinom.)

Zahvala za Božju blizinu

Hvala ti, Spasitelju moj, što si spreman uključiti se u svaku životnu situaciju u koju te pozovem svim srcem.

(Pozovi sada Isusa u svoju životnu situaciju vapeći iz sveg srca.)

Ti si nam, Gospodine, darovao Duha Svetoga kako bih se mogli uvijek iznova napunjati njegovom milošću, kako bi mogli uvijek iznova dolaziti u tvoju prisutnost, u tebe ulaziti i u tebi ostajati.

(*Zazovi sada, svim srcem, Duha Svetoga da te uvede u Božju prisutnost.*)

Kad sam u tvojoj prisutnosti, Bože moj, ti me odmaraš, oslobađaš i ozdravljaš moj duh, dušu i tijelo;

kad sam u tvojoj prisutnosti, ti me poučavaš i mijenjaš;

kad sam u tvojoj prisutnosti, daješ mi svoju ljubav kojom mogu svakome oprostiti i za svakoga se žrtvovati;

kad sam u tvojoj prisutnosti, otkupitelju moj, daješ mi vjeru srca kojom mogu za svakoga moliti;

kad sam u tvojoj prisutnosti, daješ mi snagu volje da se mogu odupirati grijehu i da mogu ustrajati na putu spasenja.

Kad sam u tvojoj prisutnosti, vječni Oče, ispunjaš me svojim svetim mirom i radošću.

Gospodine, kad nisam s tobom, često sam ti nezahvalan i često padam u grijeh; često pokušavam opravdati svoje grijehe, često moje kajanje nije iskreno.

Hvala ti što me potičeš da te tražim i nalazim: u molitvi, u *Svetom pismu*, u sakramentima, u nadahnutim knjigama, u bližnjima potrebnima tvoga milosrđa...

Zahvala za spasenje

Gospodine, ti mi nudiš svoje obilje života, nudiš mi samoga

sebe, a ja prečesto biram svoje verzije obilja života i svoje idole koje stavljam ispred tebe i bližnjih.

Znam, Gospodine, da se bez tebe, bez tvog oproštenja ne mogu spasiti.

Zato ti, hvala, Oče, što si dao svoga Jedinorođenog Sina Isusa Krista da nijedan koji u njega vjeruje ne propadne, već da ima život vječni.

Hvala ti, Isuse, što si umjesto mene platio kaznu za moje grijehe i za moje opačine.

Hvala ti što, trpeći i umirući na križu, želiš na sebe uzeti i moje boli, i moja poniženja, i moju povrijeđenost, i moju odbačenost;

hvala ti što želiš uzeti i moju krivnju, i moju bespomoćnost i moje strahove.

Hvala ti što želiš ponijeti i moje bolesti i što želiš i mene svojim ranama iscijeliti.

Hvala ti, Gospodine, za tvoju neizmjernu ljubav prema prezrenima, odbačenima, bolesnima i svim drugim patnicima.

Hvala ti za ljubav koju imaš prema nama grešnicima.

Pokajanje

Donosim ti, sada, Gospodine, svoje pokajanje.

Gospodine, samo ti znaš koliko sam puta sagriješio mislima, riječima i djelima.

Gospodine, samo ti znaš koliko sam puta uvrijedio tebe, koliko sam puta ponizio sebe i povrijedio svoje bližnje.

Samo ti znaš koliko sam boli nanio sebi i drugima, posebno najbližima.

Samo ti znaš koliko se drugi osjećaju odbačenima od mene.

(Pokušaj se sjetiti nekih osoba za koje znaš da se osjećaju odbačenima od tebe.)

Molim te, Gospodine, oprosti mi i molim te da onima protiv kojih sam sagriješio podariš milost kako bi mi mogli oprostiti.

Molim te da nas otkupiš od posljedica mojih grijeha i da nam iscijeliš rane.

Gospodine, molim te da mi oprostiš bilo kakav doticaj s okultnim: s horoskopom, gatanjem, prizivanjem duhova, bajanjem, čaranjem, vračanjem, urocima, ezoterijom; traženjem pomoći od vračara, i drugih đavolskih slugu...

Odričem se bilo kakvog doticaja s tim nečistim silama i molim te da me oslobodiš, očistiš i sačuvaš od Zloga.

Na poseban ti način donosim svoj preveliki grijeh, grijeh kojeg se ne mogu osloboditi sâm i koji me uvijek iznova nadvladava.

(Sjeti se još jednom svoje ovisnost, navezanosti ili sklonosti.)

Molim te, oprosti mi, otkupi me i oslobodi.

Oprosti mi, Gospodine, što u napastima nisam dolazio k tebi po pomoć, što nisam ulazio u molitvu, u tvoju prisutnost koja me je jedino mogla zaštiti od napasti kojima se sam nisam mogao oduprijeti.

Opraštanje

Gospodine, samo ti znaš koliko sam puta propustio oprostiti onima koji su me povrijedili.

Samo ti znaš koliko puta, zbog povrijeđenosti i ponosa, to nisam htio učiniti.

Gospodine, mnogo puta sam htio oprostiti, ali zbog prevelike boli nisam mogao.

Gospodine, ti si nam rekao da bez tebe ne možemo učiniti ništa.

Oprosti mi što tada nisam u molitvi dolazio k tebi kako bi mi tvoja milost pomogla oprostiti.

Gospodine, ti si nam rekao da ćeš nam oprostiti onako kako ćemo mi oprostiti onima koji su nas povrijedili.

Gospodine, zaista želim oprostiti svima koji su me na bilo koji način povrijedili.

Želim oprostiti onima za koje znam da su me povrijedili, ali i onima za koje ne znam da su sagriješili protiv mene.

Isuse, želim oprostiti i, tvojom milošću, zaista opraštam onima kojima je žao i koji se kaju, ali i onima koji se ne kaju i kojima, iz bilo kojeg razloga, nije žao što su me povrijedili ili to čine još uvijek.

Dobri Bože, opraštam i onima koji nisu bili svjesni da mi nanose bol.

Gospodine, posebno mi je stalo do toga da oprostim svojim roditeljima.

Znam, Gospodine, da mnogo puta nisu bili svjesni da mi nanose bol i da često nisu znali ili nisu mogli biti bolji prema meni.

Želim ocu i majci oprostiti sve situacije u kojima se nisam osjećao prihvaćenim:

- situacije u kojima sam bio razdvojen od njih (napušten)
- situacije u kojima mi nisu vjerovali
- situacije u kojima me nisu zaštitili
- situacije u kojima su me nepravedno kaznili
- situacije u kojima mi nisu pružili podršku
- situacije u kojima mi nisu iskazali bliskost, nježnost i prisnost koja mi je tada silno trebala.

Želim ocu i majci oprostiti sva njihova očekivanja s kojima se nisam znao, mogao ili htio nositi.

Želim im oprostiti situacije u kojima su me povrijedili svojim riječima.

Želim ocu i majci oprostiti situacije u kojima sam se osjećao manje voljenim od brata ili sestre.

Želim im oprostiti situacije u kojima sam se zbog njih osjećao poniženo i posramljeno.

Isuse, želim im oprostiti što se nisu dovoljno potrudili da me upoznaju, što mi nisu dali dovoljno svojeg vremena, dovoljno svoje pažnje.

Opraštam im, Isuse, i sve ono što su drugima činili krivo, opraštam im sve njihove trenutke slabosti, sebičnosti, škrtosti, neumjerenosti...

Na poseban ti način donosim ono što me je najviše povrijedilo.

(Pokušaj se sjetiti najbolnijih situacija povezanih s roditeljima i oprosti.)

Gospodine, donosim ti i druge osobe koje su me povrijedile i učinile da se osjećam odbačenim i manje vrijednim.

(Sjeti se braće, djedova i baka, prijatelja, učitelja, supružnika, djece, radnih kolega i šefova na poslu, osoba u koje si bio zaljubljen, osoba koje su te zlostavljale...)

Gospodine, opraštam sebi i drugima jer i ja često jednako griješim, jer i ja želim da mi bude oprošteno.

Isuse, opraštam jer želim da moje srce bude čisto, jer želim živjeti u tvom svetom miru.

Oče naš, opraštam svima jer si nas sve stvorio s ljubavlju i čezneš da se svaki od nas grešnika obrati i živi.

(U srcu kratko vrijeme ponavljaj: "Opraštam, opraštam, opraštam..." Dozvoli da ti Duh Sveti za to vrijeme u misli donosi osobe kojima trebaš oprostiti.)

Gospodine, opraštam samom sebi sve ono što si mi ti u svojoj ljubavi već oprostio, opraštam jer znam da i ti želiš da si oprostim.

(Ovdje se posebno sjeti svojih najtežih grijeha i oprosti si.)

Isuse, vjerujem da ću puninu milosti opraštanja iskusiti u susretu s tobom u Euharistiji, u susretu s ljubavlju kojom si nas ljubio na križu.

Molitva za nutarnje iscjeljenje i oslobođenje

Ti, Gospodine Isuse, dolaziš odmoriti i iscijeliti slomljena srca, dolaziš raskinuti spone jarmene i pustiti na slobodu potlačene.

Gospodine, donosim ti rane duše koje su još uvijek neotkupljene i neiscijeljene, koje još uvijek krvare i oduzimaju mi radost života.

Posebno ti, Gospodine, donosim one rane koje su, na bilo koji način, povezane s mojom grešnom ovisnošću, sa mojom grešnom navezanošću i grešnom sklonošću.

Gospodine, molim te da me svojom ljubavlju s križa, kroz svetu misnu žrtvu, otkupiš od tih rana.

Gospodine, molim te, otkupi me i od svih negativnih posljedica koje su proizašle iz moje ranjenosti:

otkupi me, iscijeli i oslobodi od osjećaja odbačenosti, osjećaja manje vrijednosti i osjećaja krivnje;

otkupi me od mržnje, gorčine, razočaranja, srdžbe i bijesa;

otkupi me od strahova i tjeskobe;

otkupi me, Gospodine, od depresije, samosažaljenja i svih drugih psihičkih smetnji.

Molim te, Isuse, otkupi me od tuđih očekivanja s kojima se nisam mogao ili još uvijek ne mogu nositi.

Molim te, Gospodine, otkupi me od najtežih sjećanja koje sam potisnuo u sebi.

(Pokušaj navesti ono s čime ti je najteže suočiti se ili što ti je najteže nositi.)

Gospodine, otkupi me i oslobodi od grešne navezanosti na bilo koju stvar ili bilo koju osobu.

Gospodine Isuse Kriste, predajem ti svoju dušu i molim te da uđeš u moj život kao moj otkupitelj, spasitelj i iscjelitelj.

Neka bude tvoja volja.

Ti budi kralj mog srca i mog života.

Gospodine, molim te, podari mi svoj mir, podari mi milost strpljenja i milost podnošenja i prikazivanja žrtvi.

Izricanje vjere

Gospodine, vjerujem da ću na Svetoj Misi slušati tvoju riječ, vjerujem da ćeš mi progovoriti, vjerujem da ćeš me poučiti, da ćeš me utješiti i ohrabriti.

Gospodine, vjerujem da ćeš me čitavu Misu privlačiti k sebi.

Vjerujem da želiš da moje misli i moje srce tijekom Svete Mise budu usmjerene na tebe; vjerujem da želiš da čitavim svojim bićem uranjam u tebe.

Isuse, spasitelju moj, vjerujem da želiš da iskusim tvoj sveti mir, tvoju dobrotu, tvoju blizinu, tvoju brigu; vjerujem da želiš da na Svetoj Misi iskusim tvoju svetu prisutnost.

Gospodine, čvrsto vjerujem da ću u Euharistiji blagovati tvoje tijelo i tvoju krv, blagovati tebe, žrtvenog Jaganjca koji si bio ubijen za nas.

Vjerujem, Gospodine, da ću tako stvarno sudjelovati u tvojoj otkupiteljskoj žrtvi, prikazujući je Ocu za svoje potrebe i za potrebe drugih.

Vjerujem da ti, Isuse, pričešću ulaziš u mene kao pravi Bog i pravi čovjek, sa svojom božanskom i ljudskom ljubavlju.

I ja, Gospodine, želim ući u tebe, sa svom svojom ljudskom bijedom.

Vjerujem, Gospodine, da mi dolaziš tako blizu kako bih u tvojoj prisutnosti primio milost istinskog pokajanja, praštanja i predanja u tvoju volju

Vjerujem Isuse, da mi dolaziš tako blizu kako bih ti, u slobodi srca, u potpunom povjerenju u tvoju dobrotu mogao predati svoje duševne rane, kako bih ti mogao predati svoje grešne ovisnosti i sklonosti, kako bih, s povjerenjem u tvoju dobrotu mogao primiti tvoje otkupljenje, iscjeljenje i oslobođenje.

Gospodine, vjerujem da sam po čudu Euharistije u pričesti jedno s tobom, vjerujem da sam dionik tvoje, za nas ljude neshvatljive, čudesne ljubavi s križa i da zbog toga mogu prikazivati tvoju otkupiteljsku žrtvu Ocu po tebi, s tobom i u tebi.

Jer ti si, Gospodine, u Euharistiji i svećenik i žrtva i oltar.

Vjerujem, Gospodine, da tvojom krvlju obnavljam svoj krsni savez s tobom, vjerujem da mi opraštaš, da me oslobađaš i ispunjaš Duhom Svetim.

Vjerujem, Gospodine, da nema veće ljubavi, da nema veličanstvenijeg čuda od Euharistije, u kojoj nam ti daruješ svoj život.

Molitva za pomoć

Duše Sveti, molim te da me vodiš kroz Svetu Misu.

Neka moje misli budu, tvojom milošću, usklađene s mojim riječima.

Molim te da razliješ Očevu ljubav u moje srce da se mogu zaista, svim svojim srcem predati u njegovu volju i primiti otkupljenje, iscjeljenje i oslobođenje.

Hvala ti, Duše Sveti, što mi pomažeš jer bez tvoje milosti ne znam i ne mogu pravo moliti.

Anđelu moj, čuvaj moje misli za vrijeme Svete Mise kako bi bile s Bogom i u Bogu.

Sveta Marijo, Majko Božja, Kraljice mira, moli za mene.

Ti si, Marijo, najdublje povezana s Isusovom mukom i smrću: ti si stajala pod njegovim križem, ti si mu bila utjeha i snaga u njegovim najtežim trenucima, ti si iskusila svu dubinu boli koja je drugim ljudima ostala sakrivena.

Ti, Marijo, poznaješ i svu moju bol.

Ti, Marijo, znaš moj stid i moju sramotu zbog grijeha koji me je zarobio.

Tebi je, Marijo, mač boli probio srce, kako bi nama slabima i grešnima mogla pomoći da otkrijemo stvarne namisli svojih srca, kako bi nam mogla pomoći da otkrijemo stvarne motive po kojima živimo, kako bi nam mogla pomoći da se iskreno pokajemo.

Ti si, Sveta Marijo, vidjela i iskusila Isusovu bol zbog onih za koje je njegova žrtva bila uzaludna, zbog onih koji neće povjerovati i neće mu predati svoje grijehe da ih otkupi i oslobodi iz ropstva grijeha i iz ropstva negativnim osjećajima.

Sveta Marijo, Majko Božja i majko moja, izmoli mi milost da se mogu potpuno predati u milosrđe tvoga sina Isusa.

Marijo, izmoli mi milost da mu mogu predati grijeh koji me je svezao, da mu mogu predati negativne osjećaje i strahove koji kontroliraju moj život i upravljaju njime, da mu mogu predati osobe na koje sam na grešni način navezan.

Marijo, izmoli mi milost da mogu primiti puninu njegova otkupljenja kako njegova žrtva ne bi bila za mene uzaludna, kako bi njegova, tvoja i moja radost bile potpune.

Marijo, ne mogu Ocu prikazivati žrtvu tvoga Sina, a da istovremeno ne prikažem tvoju žrtvu, da ne prikažem žrtve svih onih koji kroz stoljeća sjedinjuju svoje trpljenje s trpljenjem tvoga Sina i da ne prikažem svoje trpljenje, koje i ja svim srcem želim sjediniti s trpljenjem tvojeg Sina.

Izmoli mi, Marijo, milost da i ja, sve dublje i dublje, spoznajem smisao prikazivanja vlastitih odricanja i trpljenja kako bih, sa što više vjere i što većom ljubavlju, mogao prikazivati Isusovu žrtvu za duše koje su potrebne milosti otkupljenja.

Neka tvoja ljubav, Marijo, dopre do moje duše i neka me tvoja majčinska ljubav oslobodi da se mogu potpuno predati u milosrđe tvoga Sina Isusa.

Sveti Josipe, sveti Božji pravedniče, moli za mene.

Sveti apostoli Petre i Ivane, sveti Franjo Asiški, sveta Klaro, sveti Franjo Ksaverski, sveta Terezijo Avilska, sveta Mala Terezijo, sveti Padre Pio, sveti Leopolde Bogdane Mandiću, blaženi Alojzije Stepinče, svi sveti kojima sam se ikad molio pomozite mi ljubeći me pred Božjim prijestoljem.

(Sjeti se i drugih svetaca kojima se moliš.)

Duše u Čistilištu, molite za mene kako bih u svetoj misnoj žrtvi sudjelovao sa što većim žarom.

Ja ću za vas prikazivati Isusovu žrtvu, svjestan da ću možda i ja jednog dana vapiti iz Čistilišta.

Pričesna meditacija

Gospodine Isuse, Jaganjče Božji, nisam dostojan da uniđeš pod moj krov, nisam dostojan da uniđeš u moju grešnu dušu, ali te ipak svim srcem molim da me ispuniš svojom prisutnošću.

Jer, Gospodine, kako ću sam po sebi postati dostojan?

Kako ću, Gospodine, sam zapaliti svjetlost u svojoj duši kad si ti Svjetlost, kad ti jedini možeš prosvijetliti moje tame, kad ti jedini možeš učiniti da srcem progledam, da srcem pročujem, da srcem razumijem – da se iskreno pokajem i primim Svjetlost?

Kako ću, Gospodine, sam zacijeliti rane koje mi ne daju da ti povjerujem i da ti predam svoju prošlost, sadašnjost i budućnost?

Kako ću, Gospodine, bez tebe, koji si jedini pravi Mir, umiriti svoju dušu?

Kako će, Gospodine, moja duša živjeti ako ti, koji si Život, ne prebivaš u njoj?

Kako će, Gospodine, moja duša učiti ljubiti ako u njoj ne prebiva Učitelj, ako u njoj ne prebiva Ljubav?

Gospodine, kako ću ti zahvaljivati, kako ću te slaviti, kako ću te blagoslivljati, ako moja duša ne okusi tvoju svetu prisutnost, ako ne iskusi tvoj sveti mir, ako ne kuša tvoju radost?

Uđi, Gospodine, kao moj otkupitelj i moj spasitelj, kao moj učitelj, i budi kralj moga srca.

Uđi, Isuse, reci Riječ i ozdravit će čitavo moje biće.

Uđi, Isuse, u mene, privuci me na svoj križ, uvuci me u svoje srce, jer ti želim predati svoje boli, jer ti želim predati svoje ranjeno srce.

Uđi, Isuse, u moje najdublje dubine, otkupi me i oslobodi od svake svezanosti i navezanosti na bilo koji grijeh.

Uđi, Isuse, i oslobodi me od grešne navezanosti na bilo koju osobu.

Uđi, Isuse, i nauči me ljubiti onako kako si nas ti ljubio.

Hvalim te, Isuse, slavim te i blagoslivljam.

Klanjam ti se i zahvaljujem ti radi tvoje velike slave i dobrote.

Jer ti si jedini svet.

Jer ti si jedini Gospodin.

Jer ti si jedini Svevišnji, Isuse Kriste.

Sa Svetim Duhom, u slavi Boga Oca.

Amen.

Za obraćenje muške osobe

U Kristu imamo otkupljenje njegovom krvlju, oproštenje grijeha, prema bogatstvu njegove milosti.
(Pričesna pjesma, za izbor ili upis imena)

(Započni znakom križa.)

Neka ova priprema bude u ime Oca i Sina i Duha Svetoga!

Neka sa mnom bude tvoja milost, Gospodine Isuse Kriste, tvoja ljubav, Bože Oče, i tvoje vodstvo, Duše Sveti.

Nakana

Vječni Oče, prikazujem ti žrtvu tvoga preljubljenog Sina, Isusa Krista, za obraćenje, posvećenje i spasenje I.

(Umjesto I. stavi ime osobe za koju prikazuješ.)

Zahvala za život

Zahvaljujem ti, Oče sveti, za dar života koji si mu podario.

Znam da si ga čudesno zamislio – na svoju sliku i priliku.

Hvala ti, Isuse, što znam da si ga stvorio za život, jer ti sâm jesi Život.

Hvala ti što znam da ti, i više od mene, želiš da on živi puninu života, ovdje i u vječnosti.

Znam, Oče ljubljeni, da si mu u dubinu duše utisnuo ljubav spremnu na žrtvu, spremnu na opraštanje, blagoslivljanje i zahvaljivanje; spremnu na davanje i pomaganje.

Hvala ti, Bože moj, što znam da si ga stvorio iz ljubavi i za ljubav jer ti sâm jesi Ljubav.

Hvala ti što mi daješ spoznati da ga ti ljubiš više nego što će ga ikad itko od nas ljudi moći ljubiti.

Znam, Oče nebeski, da si ga u sakramentu krštenja s bezgraničnom ljubavlju priznao svojim posinjenim sinom i pozvao ga da tu ljubav, dobrotu i pravednost tijekom svog života otkriva i živi.

Hvala ti, Bože moj, što si me nadahnuo da molim za nj.

Hvala ti što ti, Oče nebeski, želiš da se u njegovu životu dogodi tvoja volja, da se u njegovu srcu nastani tvoje kraljevstvo, što želiš da mu tvoje ime bude sveto.

Ti ga, Oče naš, želiš i možeš izbavljati od Zloga na svim njegovim putovima i u napastima.

Unaprijed ti zahvaljujem, Spasitelju naš, za njegovo obraćenje.

Zahvaljujem ti za svaku milost koju će I., tvojom milošću, prihvatiti i živjeti.

Hvala ti, Kralju nebeski, za svaki ovozemaljski i svaki vječni plan koji imaš s njime.

Hvala ti za svako dobro djelo i za svaku žrtvu iz ljubavi koju je učinio i koje će učiniti.

Hvala ti za svaku dobru riječ koju je izgovorio i koju će izgovoriti.

Hvala ti za svaku dobru želju koju nosi u srcu.

Hvala ti, Gospodine, za svaki trenutak koji je proveo i koji će provesti s tobom i u tebi.

Hvala ti što mu želiš pomoći da stekne što više nepropadljiva blaga za vječni život, što želiš da ti u vječnosti bude što bliže.

Zahvala za spasenje

Gospodine, ti nama ljudima nudiš svoje obilje života, nudiš nam samoga sebe, a mi prečesto biramo svoje verzije obilja života i svoje idole koje stavljamo ispred tebe i bližnjih.

Tako umjesto punine života biramo ispraznost; umjesto tvoje riječi biramo puste tlapnje.

Gospodine, unatoč svemu što nas učiš i što nam daješ, često smo ti nezahvalni i padamo u grijeh.

Često pokušavamo sami opravdati svoje grijehe, često naše kajanje nije iskreno.

Gospodine, često ne razumijemo ni tvoju pravednost ni tvoje milosrđe i zato nam se događa da ne možemo, ili čak ne želimo, prihvatiti te kao ljubljenog Oca.

Isuse ljubljeni, mnogi se od nas ne uspijevaju promijeniti onako kako bi htjeli jer ne znaju da si ti jedini koji možeš dati novo srce – kad smo s tobom i u tebi.

Spasitelju i otkupitelju naš, bez tebe, bez tvog oproštenja nitko se od nas ne može spasiti.

Zato ti hvala, dobri Oče, što si dao svojeg Jedinorođenog Sina Isusa Krista da nijedan koji u njega vjeruje ne propadne, već da ima život vječni.

Molitva za otkupljenje i spasenje

Vječni Oče, prikazujem ti žrtvu tvojeg preljubljenog Sina Isusa Krista za otkupljenje I.

Otkupi ga od situacija u kojima se nije osjećao prihvaćeno, zaštićeno, ljubljeno i poštovano.

Otkupi ga svojom predragocjenom krvlju od situacija u kojima je tražio blizinu i podršku, a nije ih primio.

Otkupi ga, Isuse, od situacija u kojima se je osjećao nepravedno kažnjen, zapostavljen, usamljen i manje voljen.

Otkupi ga i oslobodi, Isuse, od njegovih strahova i tjeskoba.

Otkupi ga, Isuse, od boli uzrokovanih životnim hendikepima, promašajima i neuspjesima.

Otkupi ga, Isuse, od životnih situacija u kojima ga članovi njegove obitelji nisu znali, nisu mogla ili nisu htjeli ljubiti i poštovati, od situacija u kojima su ga povrijedili i učinili da se osjeća odbačeno, neželjeno, manje vrijedno, nesigurno i uplašeno.

Molim te, Gospodine, da ga otkupiš od grijeha koje je počinio mišlju, riječima, djelima i propustom.

Molim te da ga svojim Duhom prosvijetliš kako bi spoznao stvarne namisli svojeg srca i kako bi se iskreno pokajao i primio tvoje oproštenje, iscjeljenje i oslobođenje.

Otkupi ga, Isuse, od razočaranja samim sobom, otkupi ga od bilo čega što mu uzrokuje da se smatra manje voljenim od tebe koji si ga stvorio iz savršene ljubavi.

Otkupi ga, Gospodine, od stavova zbog kojih te ne može prihvatiti kao ljubljenog i savršeno pravednog Boga.

Otkupi ga, Spasitelju naš, od svega onoga što ga priječi da te svim srcem pozove u svoj život kao svojeg Gospodina.

Otkupi ga, Isuse, molim te, od svakog negativnog utjecaja drugih.

Otkupi ga od ljudskih obzira i strahova.

Otkupi ga, Učitelju naš, i oslobodi od krivih učenja, nauka i stavova.

Gospodine, molim te, podari mu dar obraćenja, dar ponovnog rođenja, dar žive vjere i povjerenja u tebe.

Bože naš, podari mu milost da te može i hoće, razumom i srcem, upoznati i prihvatiti kao svojeg stvoritelja, otkupitelja i spasitelja; da te može i hoće upoznati i prihvatiti kao svojeg učitelja, tješitelja i branitelja.

Podari mu, Oče vječni, obilje svojeg Duha, da može rasti u mudrosti i milosti pred tobom i pred ljudima.

Gospodine, molim te, podari mu milost da se može i hoće pouzdavati u tvoju ljubav i dobrotu.

Gospodine, molim te, podari mu milost da uvijek teži, s tvojom pomoći, činiti dobro i izbjegavati zlo.

Gospodine, Bože moj, na križu ubijeni, molim te, daj mu milost da ne sudi, da ne ogovara i ne klevеće.

Molim te, Isuse razapeti, daj mu milost da može i želi, tvojom ljubavlju, praštati i moliti za svoje neprijatelje.

Gospodine, sveti Oče, iz sveg te srca molim, neka on koga si mi povjerio da za nj molim bude svet, neka bude na radost tebi i nama koji za njega molimo.

Gospodine životvorče, molim te, neka doživi puninu godina koje si mu odredio.

Izricanje vjere

Gospodine Isuse, ti si ustanovio sakrament Euharistije kako bismo uvijek iznova mogli plodonosno sudjelovati u tvojoj žrtvi i kako bismo iz nje mogli crpsti plodove otkupljenja, plodove tvoje ljubavi i milosrđa.

Hvala ti što u Euharistiji dolaziš kao pravi Bog i pravi čovjek, kako bismo i mi, poput bolesnika, patnika i grešnika iz evanđelja, mogli doći k tebi i kako bismo mogli primiti tvoju milost.

Ti si nas, Isuse, svojom mučeničkom smrću otkupio od kazne za grijehe; ti si otkupio našu palu narav zarobljenu egocentričnošću, sebičnošću, ranjenu osjećajima odbačenosti i manje vrijednosti.

Tvoja je žrtva savršena, a od nas ljudi očekuješ da je prinosimo Ocu za sebe i za druge.

Gospodine Isuse, čvrsto vjerujem da ću u Euharistiji blagovati tvoje tijelo i tvoju krv, blagovati tebe, žrtvenog Jaganjca koji si bio ubijen za nas.

Vjerujem da ti, Isuse, ulaziš u mene sa svojom božanskom i ljudskom ljubavlju.

Vjerujem, Gospodine, da i ja ulazim u tebe kako bi mi svojom milošću ispunio srce pouzdanjem u tvoje neizmjerno milosrđe, kako bi me ispunio ljubavlju i kako bi, zajedno sa mnom, prikazao svoju žrtvu Ocu za I.

Molitva za pomoć

Duše Sveti, molim te da me vodiš kroz Svetu Misu, pomozi mi da zaista mogu duhom sudjelovati u Isusovoj žrtvi na Golgoti.

Neka moje misli budu, tvojom milošću, usklađene s riječima koje ću slušati i koje ću izgovarati.

Hvala ti, Duše Sveti, što nam pomažeš jer bez tvoje milosti ne znamo moliti kako treba; bez tvoje milosti ne možemo vjerovati srcem i ne znamo i ne možemo ljubiti onako kako nas je Isus učio da ljubimo.

Hvala ti, Duše Sveti, što pomažeš I.; hvala ti što mu rasvjetljuješ tamu i privlačiš ga k Isusu, Istini i Isusu, Svjetlu.

Anđelu moj, čuvaj moje misli i moje osjećaje za vrijeme Svete Mise kako bi bili s Bogom i u Bogu.

Anđele, čuvaru sveti, čuvaj I. od Zloga i od zla: čuvaj ga od oholosti i ponosa; čuvaj ga od bluda i svake grešne neumjerenosti; čuvaj ga od ogorčenosti i samosažaljenja, čuvaj ga od laži ovoga svijeta.

Sveta Marijo, Majko Božja, Kraljice mira, moli za nj.

Ti si, Marijo, najdublje povezana s Isusovom mukom i smrću: ti si stajala pod njegovim križem, ti si mu bila utjeha i snaga u njegovim najtežim trenucima, ti si iskusila svu dubinu boli koja je drugim ljudima ostala sakrivena.

Tebi je, Marijo, mač boli probio srce, kako bi nama slabima i grešnima mogla pomoći da otkrijemo stvarne namisli svojih srca, da otkrijemo stvarne motive po kojima živimo, da se pokajemo i da živimo.

Ti si, Marijo, znala da Isus, umirući na križu uzima na sebe naše boli i bolesti srca, duše i tijela; znala si da njegove rane iscjeljuju našu ranjenost i povrijeđenost; znala si da on na sebe prima kaznu radi naših grijeha i naših opačina.

Ti si, Sveta Marijo, vidjela i iskusila Isusovu bol zbog onih za koje je njegova žrtva bila uzaludna, koji će trpjeti jer neće povjerovati i neće mu predati svoje grijehe, boli i bolesti.

Sveta Marijo, Majko Božja i majko moja, izmoli I. milost da se može potpuno predati u Isusovo milosrđe i primiti puninu njegova otkupljenja kako bi Isusova, tvoja i moja radost bile potpune, kako bi I. radost bila potpuna.

Marijo, ne mogu Ocu prikazivati žrtvu tvoga Sina, a da istovremeno ne prikažem tvoju žrtvu, da ne prikažem žrtve svih onih koji kroz stoljeća sjedinjuju svoje trpljenje s trpljenjem tvoga Sina i da ne prikažem svoje trpljenje, koje i ja želim sjediniti s trpljenjem tvoga sina Isusa.

Neka tvoja ljubav, Marijo, dopre do I. duše i neka ga tvoja majčinska ljubav oslobodi da se može potpuno predati u milosrđe tvoga Sina Isusa.

Izmoli mi, Marijo, milost da i ja, sve dublje i dublje, spoznajem smisao prikazivanja vlastitih odricanja i trpljenja kako bih, sa što više vjere i što većom ljubavlju, mogao prikazivati Isusovu žrtvu za I. i za druge duše koje su potrebne milosti otkupljenja.

Sveta Marijo, sveti Josipe, predajem vam I. u vašu majčinsku i očinsku brigu, da ga svojom pomoću uvijek iznova privlačite Gospodinu i da ga štitite od Zloga, da ga štitite od svakog zla i grijeha i od svake opasnosti koja bi mogla ugroziti njegov život.

Sveta Marijo, Majko Isusova, Sveti Josipe, molim vas, ljubite I. pred licem Božjim.

Sveti apostoli Petre i Ivane, sveti Franjo Asiški, sveta Klaro, sveti Franjo Ksaverski, sveta Terezijo Avilska, sveta Mala Terezijo, sveti Padre Pio, sveti Leopolde Bogdane Mandiću, blaženi Alojzije Stepinče, svi sveti kojima se je ikad molio pomozite mu ljubeći ga pred Božjim prijestoljem.

Duše u Čistilištu, molite za mene kako bih u svetoj misnoj žrtvi sudjelovao sa što većim žarom.

Ja ću za vas moliti Gospodina svjestan da ću možda i ja jednog dana vapiti iz Čistilišta za nečijom pomoći.

Molim vas da molite za I. da se nanovo rodi i da bude svet pred Bogom i pred ljudima.

Pričesna meditacija

Gospodine, znam da I. možda nije dostojan da uniđeš pod njegov krov, da uniđeš u njegovu dušu, ali te ipak svim srcem molim da ga ispuniš svojom prisutnošću.

Jer, Isuse moj, kako će sam po sebi postati dostojan?

Kako će, Isuse, sam zapaliti svjetlost u duši kad si ti Svjetlost, kad ti jedini možeš prosvijetliti njegove tame?

Kako će, tješitelju naš, sam zacijeliti rane koje mu ne daju da ti srcem povjeruje i da ti preda svoju prošlost, sadašnjost i budućnost?

Kako će se, Otkupitelju naš, bez tebe, koji si jedini pravi Mir, osloboditi briga i strahova i umiriti svoju dušu?

Kako će, Gospodine, njegova duša živjeti ako u njoj ne prebivaš ti, koji si Život?

Kako će, Gospodine, njegova duša učiti ako u njoj ne prebiva Učitelj; kako će čuti, razumjeti i sačuvati tvoju Riječ ako ga tvoj Duh ne ispunja svojom prisutnošću?

Gospodine, kako će ti biti zahvalan, kako će te slaviti, kako će te blagoslivljati ako njegova duša ne okusi tvoju svetu prisutnost, ako ne iskusi tvoju svjetlost, tvoj mir, ako ne kuša tvoj život?

Znam, Gospodine, da bez tebe ne možemo do kraja oprostiti, da bez tebe ne možemo do kraja ljubiti, da bez tebe ne možemo kako treba moliti.

Zato uđi, Gospodine, u njegovu dušu i budi izvorom žive vode u njemu, vode koja teče u vječnost.

Uđi, žrtvovani Jaganjče, u njegovu dušu, operi ga svojom krvlju i makni iz njegove duše sve ono što ga čini nedostojnom tebe.

Uđi, Gospodine, u njegovu dušu jer te treba, jer bez tebe njegov život nema smisla.

Uđi, Gospodine, u njegovu dušu, kao spasitelj i otkupitelj.

Uđi, Isuse, ozdravi mu dušu, učini njegovo srce svojim kraljevskim prijestoljem i nauči ga ljubiti onako kako si nas ti ljubio.

Isuse, molim te svim srcem, uđi u I. dušu, otkupi ga, oslobodi, iscijeli; budi njegov mir i njegova vječna radost.

Hvalim te, moj Bože, slavim te i blagoslivljam.

Klanjam ti se i zahvaljujem ti zbog tvoje velike dobrote.

Jer ti si jedini svet.

Ti si jedini Gospodin.

Ti si jedini Svevišnji, Isuse Kriste.

Sa Svetim Duhom, u slavi Boga Oca.

Amen.

Za pronalazak životnog partnera

Gospodine, jednim si nas kruhom nasitio. Obdari nam srce milošću Duha Svetoga i osvježi milinom savršene ljubavi. Po Kristu. (Popričesna, za ljubav)

(Započni znakom križa.)

Neka ova priprema bude u ime Oca i Sina i Duha Svetoga!

Neka sa mnom bude tvoja milost, Gospodine Isuse Kriste, tvoja ljubav, Bože Oče, tvoja prisutnost i tvoja pomoć, Duše Sveti.

Nakana

Vječni Oče, prikazujem ti žrtvu tvoga preljubljenog Sina, Gospodina našega Isusa Krista, kako bih, njegovom ljubavlju s križa, bio otkupljen od svega što me sprečava da pronađem buduću suprugu/budućeg supruga i da zasnujem blagoslovljenu obitelj.

Zahvala za dar života

Zahvaljujem ti, Gospodine, za dar života.

Ti si me zamislio i stvorio čudesno, na svoju sliku i priliku.

Stvorio si me da živim vječno dajući mi priliku da ovozemaljskim životom odredim kakva će vječnost biti za mene.

U dubinu duše utisnuo si mi ljubav spremnu na žrtvu, spremnu na opraštanje, blagoslivljanje i zahvaljivanje; spremnu na davanje i pomaganje.

Utisnuo si mi ljubav koju u punini mogu iskusiti i živjeti jedino u tebi.

Ti si me, Oče nebeski, u sakramentu krštenja s bezgraničnom ljubavlju priznao svojim posinjenom sinom posinjenom kćeri i pozvao me da tu ljubav otkrivam i živim uz pomoć Duha Svetoga.

Hvala ti, Gospodine, što si ti izabrao vrijeme i mjesto mog rođenja.

(Sjeti se datuma i mjesta rođenja.)

Hvala ti što si mi ti izabrao obitelj i životnu situaciju u kojoj sam se rodio.

(Sjeti se svakog člana obitelji pojedinačno.)

Hvala ti za svaku osobu koja mi je u životu bila važna.

(Sjeti se nekih.)

Hvala ti za sve one koji su mi činili dobro.

(Sjeti se nekih.)

Hvala ti, Gospodine, što si poslao svog anđela da mi služi, da mi u svemu pomaže kako bih mogao baštiniti spasenje.

(Zastani nakratko i zahvali mu iz sveg srca.)

Hvala ti za pomoć svetaca koji rado odgovaraju na molitve koje im upućujemo s pouzdanjem u njihov zagovor, u njihovu pomoć.

(Sjeti se onih kojima si se molio i zahvali im.)

Hvala ti, Gospodine, za one koji su mi uzor vjere u tebe, za one koji su me poučavali i govorili mi o tebi.

(Sjeti se nekih.)

Zahvala za brak

Hvala ti, Gospodine, što si mi u srce stavio želju za brakom, želju za obitelji.

Hvala ti, Gospodine, što si ustanovio sakrament braka jer si htio da supružnici na poseban način uživaju tvoju prisutnost, tvoju milost i tvoj blagoslov, dok ih smrt ne rastavi.

Hvala ti, Gospodine, što si htio da supružnici iskuse radost majčinstva i očinstva, što si htio da iskuse dar života.

Hvala ti, Oče dobri, što si htio da u ljubavi prema vlastitoj djeci prepoznamo tvoju ljubav prema nama.

Hvala ti, Oče naš, što si htio da u životu iskusimo i ljudsku ljubav, nježnost, prisnost, odanost, vjernost...

Hvala ti, Gospodine, što nas u braku i u obitelji želiš učiti ljubiti i poštovati.

Hvala ti što želiš da iskusimo vrijednost žrtve, vrijednost davanja sebe, vrijednost življenja za druge.

Hvala ti, Isuse, što si htio da kroz brak i obitelj naučimo

iskreno praštati i podnositi jedni druge, da naučimo zajedno ljubiti, poštovati i pomagati bližnjima u potrebi.

Hvala ti, Isuse, što si htio da, u svemu što jesmo i u svemu što činimo, uvijek mislimo i na vječnost, da mislimo na neprolaznu radost vječnog života u izobilju.

Hvala ti, što nisi htio da čovjek bude sam, hvala ti što si htio da muž upozna ženu i da žena upozna muža.

Hvala ti što si mužu i ženi povjerio da sudjeluju u tvojem stvaranju, što si htio da ti zajedno služe.

Hvala ti što želiš da mi moja buduća supruga budući suprug bude duševno i tjelesno privlačna, da joj se mogu podariti u duši i u tijelu.

Hvala ti što želiš da i ja ispunim svoje životno poslanje kroz brak i obitelj.

Hvala ti, Isuse, što želiš biti neprestano prisutan u mojem braku i mojoj obitelji.

Hvala ti, Isuse, i za one kojima daješ dar celibata, kojima daješ da ti služe na drukčiji način.

Zahvala za pomoć

Hvala ti, Oče ljubljeni, što si poslao svog anđela da mi služi, da mi u svemu pomaže kako bih i ja mogao baštiniti spasenje.

(Zahvali sada svojim riječima svojem anđelu.)

Hvala ti za pomoć svetaca koji rado odgovaraju na molitve koje im upućujemo s pouzdanjem u njihov zagovor, u njihovu pomoć.

(Zahvali sada svakom svecu kojemu se moliš.)

Najviše ti zahvaljujem za pomoć i zagovor tvoje i moje majke Blažene Djevice Marije.

(Izmoli barem jednu Zdravomariju svim srcem i zahvali joj na svemu što je za tebe učinila do sada.)

Gospodine, želim ti zahvaliti za sva dobra koja sam do sada od tebe primio.

(Pokušaj zahvaliti za što više dobroga, a pogotovo zahvali na onome za što mu do sada nikad nisi. Ostani sada samo kratko u zahvaljivanju i nastavi kad ćeš god biti u prilici da budeš nasamo s Gospodinom.)

Zahvala za Božju blizinu

Hvala ti, Spasitelju moj, što si spreman uključiti se u svaku životnu situaciju u koju te pozovem svim srcem.

(Pozovi sada Isusa u svoju životnu situaciju vapeći iz sveg srca.)

Ti si mi, Gospodine, darovao Duha Svetoga kako bih se mogao uvijek iznova napunjati njegovom milošću, kako bih mogao uvijek iznova dolaziti k tebi, u tebe ulaziti i u tebi ostajati.

(Zazivaj sada Duha Svetoga svim srcem vapeći u srcu.)

Kad sam u tebi, Bože moj, ti me odmaraš, oslobađaš i ozdravljaš moj duh, dušu i tijelo;

kad sam u tebi, ti me poučavaš i mijenjaš;

kad sam u tebi, daješ mi svoju ljubav kojom mogu svakome oprostiti i za svakoga se žrtvovati;

kad sam u tebi, otkupitelju moj, daješ mi vjeru srca i svoju ljubav kojom mogu za svakoga moliti;

kad sam u tebi, daješ mi snagu volje da se mogu odupirati grijehu i da mogu ustrajati na putu spasenja.

Kad sam u tebi, vječni Oče, ispunjaš me svojim svetim mirom i radošću.

Gospodine, kad nisam s tobom, često sam ti nezahvalan i često padam u grijeh; često pokušavam opravdati svoje grijehe, često moje kajanje nije iskreno.

Hvala ti što me potičeš da te tražim i nalazim: u molitvi, u *Svetom pismu*, u sakramentima, u nadahnutim knjigama, u bližnjima potrebnima tvoga milosrđa...

Zahvala za spasenje

Gospodine, ti mi nudiš svoje obilje života, nudiš mi samoga sebe, a ja prečesto biram svoje verzije obilja života i svoje idole koje stavljam ispred tebe i bližnjih.

Znam, Gospodine, da se bez tebe, bez tvog oproštenja ne mogu spasiti.

Zato ti, hvala, Oče, što si dao svoga Jedinorođenog Sina Isusa Krista da nijedan koji u njega vjeruje ne propadne, već da ima život vječni.

Hvala ti, Isuse, što si umjesto mene platio kaznu za moje grijehe i za moje opačine.

Hvala ti što, trpeći i umirući na križu, želiš na sebe uzeti i moje boli, i moja poniženja, i moju povrijeđenost, i moju odbačenost;

hvala ti što želiš uzeti i moje osjećaje odbačenosti, krivnje i manje vrijednosti,

hvala ti što na sebe želiš uzeti i moju bespomoćnost i moje strahove.

Hvala ti što želiš ponijeti i moje bolesti i što želiš i mene svojim ranama iscijeliti.

Hvala ti, Gospodine, za tvoju neizmjernu ljubav prema prezrenima, odbačenima, bolesnima i svim drugim patnicima.

Hvala ti za ljubav koju imaš prema nama grešnicima.

Zahvala za Euharistiju

Gospodine Isuse, ti si ustanovio Euharistiju kako bih po njoj mogao uvijek iznova sudjelovati u tvojoj otkupiteljskoj žrtvi i kako bih iz nje mogao crpsti plodove spasenja.

Hvala ti što u Euharistiji dolaziš k meni kao pravi Bog i pravi čovjek, sa svojom božanskom i ljudskom ljubavlju, kako bih i ja, poput bolesnika, patnika i grešnika iz evanđelja, mogao primiti tvoju milost.

Hvala ti što po Euharistiji, po blagovanju tvog tijela i tvoje predragocjene krvi, mogu biti otkupljen i oslobođen od svojih opačina, od svojih grešnih ovisnosti i grešnih sklonosti.

Pokajanje

Donosim ti, sada, Gospodine, svoje pokajanje.

Gospodine, samo ti znaš koliko sam puta sagriješio mislima, riječima i djelima.

Gospodine, samo ti znaš koliko sam puta uvrijedio tebe, koliko sam puta ponizio sebe i povrijedio svoje bližnje.

Samo ti znaš koliko sam boli nanio sebi i drugima, posebno najbližima.

Samo ti znaš koliko se drugi osjećaju odbačenima od mene.

(Pokušaj se sjetiti nekih osoba za koje znaš da se osjećaju odbačenima od tebe, a posebno onih s kojima si bio u emotivnoj vezi.)

Molim te, Gospodine, oprosti mi i molim te da onima protiv kojih sam sagriješio podariš milost kako bi mi mogli oprostiti.

Molim te da nas otkupiš od posljedica mojih grijeha i da nam iscijeliš rane.

Gospodine, molim te da mi oprostiš bilo kakav doticaj s okultnim: s horoskopom, gatanjem, prizivanjem duhova, bajanjem, čaranjem, vračanjem, urocima, ezoterijom; traženjem pomoći od vračara, i drugih đavolskih slugu...

Odričem se bilo kakvog doticaja s tim nečistim silama i molim te da me oslobodiš, očistiš i sačuvaš od Zloga.

Na poseban ti način donosim svoj preveliki grijeh, grijeh kojeg se ne mogu osloboditi sâm i koji me uvijek iznova nadvladava.

(Sjeti se još jednom svoje ovisnosti ili sklonosti.)

Molim te, oprosti mi, otkupi me i oslobodi.

Oprosti mi, Gospodine, što u napastima nisam dolazio k tebi po pomoć, što nisam ulazio u molitvu, u tvoju prisutnost koja me je jedino mogla zaštiti od napasti kojima se sam nisam mogao oduprijeti.

Opraštanje

Gospodine, samo ti znaš koliko sam puta propustio oprostiti onima koji su me povrijedili.

Samo ti znaš koliko puta, zbog povrijeđenosti i ponosa, to nisam htio učiniti.

Gospodine, mnogo puta sam htio oprostiti, ali zbog prevelike boli nisam mogao.

Gospodine, ti si nam rekao da bez tebe ne možemo učiniti ništa.

Oprosti mi što tada nisam u molitvi dolazio k tebi kako bi mi tvoja milost pomogla oprostiti.

Gospodine, ti si nam rekao da ćeš nam oprostiti onako kako ćemo mi oprostiti onima koji su nas povrijedili.

Gospodine, zaista želim oprostiti svima koji su me na bilo koji način povrijedili.

Želim oprostiti onima za koje znam da su me povrijedili, ali i onima za koje ne znam da su sagriješili protiv mene.

Isuse, želim oprostiti i, tvojom milošću, zaista opraštam onima kojima je žao i koji se kaju, ali i onima koji se ne kaju i kojima, iz bilo kojeg razloga, nije žao što su me povrijedili ili to čine još uvijek.

Dobri Bože, opraštam i onima koji nisu bili svjesni da mi nanose bol.

Gospodine, posebno mi je stalo do toga da oprostim svojim roditeljima.

Znam, Gospodine, znam da mnogo puta nisu bili svjesni

da mi nanose bol i da često nisu znali ili nisu mogli biti bolji prema meni.

Želim ocu i majci oprostiti sve situacije u kojima se nisam osjećao prihvaćenim:

- situacije u kojima sam bio razdvojen od njih (napušten)
- situacije u kojima mi nisu vjerovali
- situacije u kojima me nisu zaštitili
- situacije u kojima su me nepravedno kaznili
- situacije u kojima mi nisu pružili podršku
- situacije u kojima mi nisu iskazali bliskost, nježnost i prisnost koja mi je tada silno trebala.

Želim ocu i majci oprostiti sva njihova očekivanja s kojima se nisam znao, mogao ili htio nositi.

Želim im oprostiti situacije u kojima su me povrijedili svojim riječima.

Želim ocu i majci oprostiti situacije u kojima sam se osjećao manje voljenim od brata ili sestre.

Želim im oprostiti situacije u kojima sam se zbog njih osjećao poniženo i posramljeno.

Isuse, želim im oprostiti što se nisu dovoljno potrudili da me upoznaju, što mi nisu dali dovoljno svojeg vremena, dovoljno svoje pažnje.

Opraštam im, Isuse, i sve ono što su drugima činili krivo, opraštam im sve njihove trenutke slabosti, sebičnosti, škrtosti, neumjerenosti...

Na poseban ti način donosim ono što me je najviše povrijedilo.

(Pokušaj se sjetiti najbolnijih situacija povezanih s roditeljima i oprosti.)

Gospodine, donosim ti i druge osobe koje su me povrijedile i učinile da se osjećam odbačenim i manje vrijednim.

(Sjeti se braće, djedova i baka, prijatelja, učitelja, supružnika, djece, radnih kolega i šefova na poslu, osoba u koje si bio zaljubljen, osoba koje su te zlostavljale...)

Gospodine, opraštam sebi i drugima jer i ja često jednako griješim, jer i ja želim da mi bude oprošteno.

Isuse, opraštam jer želim da moje srce bude čisto, jer želim živjeti u tvom svetom miru.

Oče naš, opraštam svima jer si nas sve stvorio s ljubavlju i čezneš da se svaki od nas grešnika obrati i živi.

(U srcu kratko vrijeme ponavljaj: "Opraštam, opraštam, opraštam..." Dozvoli da ti Duh Sveti za to vrijeme u misli donosi osobe kojima trebaš oprostiti.)

Gospodine, opraštam samom sebi sve ono što si mi ti u svojoj ljubavi već oprostio, opraštam jer znam da i ti želiš da si oprostim.

(Ovdje se posebno sjeti svojih najtežih grijeha i oprosti si.)

Isuse, vjerujem da ću puninu milosti opraštanja iskusiti u susretu s tobom u Euharistiji, u susretu s ljubavlju kojom si nas ljubio na križu.

Molitva za nutarnje iscjeljenje

Ti, Gospodine Isuse, dolaziš odmoriti i iscijeliti slomljena srca, dolaziš raskinuti spone jarmene i pustiti na slobodu potlačene.

Gospodine, donosim ti rane duše koje su još uvijek neotkupljene i neiscijeljene, koje još uvijek krvare i oduzimaju mi radost života.

Posebno ti, Gospodine, donosim one rane koje mi na bilo koji način otežavaju da pronađem budućeg supružnika i da s njime stupim u blagoslovljen brak.

Gospodine, molim te da me svojom ljubavlju s križa, kroz svetu misnu žrtvu, otkupiš od tih rana.

Gospodine, molim te, otkupi me i od svih negativnih posljedica koje su proizašle iz moje ranjenosti:

otkupi me, iscijeli i oslobodi od osjećaja odbačenosti, osjećaja manje vrijednosti i osjećaja krivnje;

otkupi me od mržnje, gorčine, razočaranja, srdžbe i bijesa;

otkupi me od strahova i tjeskobe;

otkupi ne, Spasitelju moj, od sebičnosti i egocentričnosti;

otkupi me, Gospodine, od depresije, samosažaljenja i svih drugih psihičkih smetnji.

Molim te, Isuse, otkupi me od tuđih očekivanja s kojima se nisam mogao ili još uvijek ne mogu nositi.

Molim te, Gospodine, otkupi me od najtežih sjećanja koje sam potisnuo u sebi.

(Pokušaj navesti ono s čime ti je najteže suočiti se ili što ti je najteže nositi.)

Gospodine Isuse Kriste, predajem ti svoju dušu i molim te da uđeš u moj život kao moj otkupitelj, spasitelj i iscjelitelj.

Neka bude tvoja volja.

Ti budi kralj mog srca i mog života.

Gospodine, molim te, podari mi svoj mir, podari mi milost strpljenja i milost podnošenja i prikazivanja žrtvi.

Molitva za brak

Gospodine moj, ti me savršeno poznaješ i ti jedini znaš koju ću osobu moći, tvojom pomoći, prihvatiti onakvu kakva ona stvarno je; ti jedini znaš koja će me osoba moći, tvojom pomoći, prihvatiti onakvog kakav ja stvarno jesam.

Ti, Gospodine, poznaješ osobu s kojom ću rasti u međusobnoj ljubavi, rasti u ljubavi prema tebi i prema bližnjima, a posebno u ljubavi prema djeci kojom ćeš nas blagosloviti po svojoj volji.

Gospodine, Isuse Kriste, molim te da svojom krvlju, svojom ljubavlju s križa, otkupiš mene i mog budućeg supružnika od svega onoga što nas sprečava da se sretnemo, da se prepoznamo i da uđemo u sakrament braka.

Daj nam, Gospodine, da se tvojom providnošću sretnemo i prepoznamo.

Molim te, Gospodine, iscijeli nam rane srca, oslobodi nas od strahova te nezrelih i krivih stavova.

Molim te, oslobodi nas od posljedica negativnih iskustava koja smo imali u prijašnjim vezama i negativnih iskustava kojima smo svjedočili u brakovima svojih roditelja.

Molim te, Isuse, otkupi nas od posljedica negativnih riječi koje smo izgovorili mi sami i posljedica riječi koje su nam izgovorili drugi, a posebno od posljedica koje su na nas ostavile riječi povezane s brakom i obitelji.

Molim te, Gospodine, oslobodi nas i zaštiti od očekivanja koja drugi imaju od nas te nam daj da u potpunoj slobodi izaberemo jedno drugo.

Gospodine, Duše Sveti, daj meni i mom budućem supružniku da, dok iščekujemo jedno drugo, neprestano učimo; daj nam da se pripremamo kako bismo u brak ušli što spremniji.

Ti, Gospodine, u svojoj providnosti, stavi pred nas knjige iz kojih možemo učiti o braku i obitelji, povedi nas na tečajeve na kojima možemo učiti; daj nam da učimo iz dobrih i loših primjera svojih obitelji i obitelji koje poznajemo.

Ti nam, Učitelju naš, daj mudrost da, nakon što se upoznamo, budemo spremni usavršavati se u ljubavi, da budemo spremni mijenjati se kako bismo postigli što veću harmoniju u braku.

Molim te, Gospodine, da mene i mog budućeg supružnika oslobodiš i očistiš od bluda, i od svega onoga čime smo uprljali svoje duše.

Molim te, Isuse, da nas svojom krvlju otkupiš i oslobodiš od svake negativne povezanosti s bilo kojom osobom s kojom smo do sada bili u emotivnoj vezi.

(Sjeti se tih osoba i predaj ih Isusu.)

Daj nam, Isuse, milost da spoznamo svoje krive i nezrele životne ciljeve; otkupi nas od njih i oslobodi.

Molim te, Gospodine, otkupi nas i oslobodi od svakog utjecaja bilo koje vrste demonskih sila.

Bože moj, molim te da neprestano budeš s nama u vrijeme kada ćemo se upoznavati i zajedno pripremati za brak.

Daj nam milost da budemo svjesni tvoje nazočnosti, da budemo svjesni da ti vidiš ono što mislimo, čuješ ono što govorimo i gledaš ono što radimo.

Daj nam, Gospodine, spoznati da naš odnos proizlazi iz odnosa s tobom; daj nam da jedno u drugome ljubimo i poštujemo tebe.

Daj nam, Bože naš, milost da od tebe očekujemo život, da od tebe očekujemo blagoslov za naš brak i našu obitelj.

Daj nam milost da uvijek možemo doći u tvoju prisutnost, da možemo u tebi prebivati, u tebi se odmarati, u tebi zacjeljivati rane i pronalaziti snagu za život.

Gospodine, Isuse Kriste, daj nam milost da uvijek ljubimo tvoju Crkvu, tvoje mistično tijelo; daj nam da nam Crkva uvijek bude drugi dom.

Izricanje vjere

Gospodine, vjerujem da ću na Svetoj Misi slušati tvoju riječ, vjerujem da ćeš mi progovoriti, vjerujem da ćeš me poučiti, da ćeš me utješiti i ohrabriti.

Gospodine, vjerujem da ćeš me čitavu Misu privlačiti k sebi.

Vjerujem da želiš da moje misli i moje srce tijekom Svete Mise budu usmjerene na tebe; vjerujem da želiš da čitavim svojim bićem uranjam u tebe.

Isuse, spasitelju moj, vjerujem da želiš da iskusim tvoj sveti mir, tvoju dobrotu, tvoju blizinu, tvoju brigu; vjerujem da želiš da na Svetoj Misi iskusim tvoju svetu prisutnost.

Gospodine, čvrsto vjerujem da ću u Euharistiji blagovati

tvoje tijelo i tvoju krv, blagovati tebe, žrtvenog Jaganjca koji si bio ubijen za nas.

Vjerujem, Gospodine, da ću tako stvarno sudjelovati u tvojoj otkupiteljskoj žrtvi, prikazujući je Ocu za svoje potrebe i za potrebe drugih.

Vjerujem da ti, Isuse, pričešću ulaziš u mene kao pravi Bog i pravi čovjek, sa svojom božanskom i ljudskom ljubavlju.

I ja, Gospodine, želim ući u tebe, sa svom svojom ljudskom bijedom.

Vjerujem, Gospodine, da mi dolaziš tako blizu kako bih u tvojoj prisutnosti primio milost istinskog pokajanja, praštanja i predanja u tvoju volju

Vjerujem Isuse, da mi dolaziš tako blizu kako bih ti, u slobodi srca, u potpunom povjerenju u tvoju dobrotu mogao predati svoje duševne rane, kako bih ti mogao predati svoje grešne ovisnosti i sklonosti, kako bih, s povjerenjem u tvoju dobrotu mogao primiti tvoje otkupljenje, iscjeljenje i oslobođenje.

Gospodine, vjerujem da sam po čudu Euharistije u pričesti jedno s tobom, vjerujem da sam dionik tvoje, za nas ljude neshvatljive, čudesne ljubavi s križa i da zbog toga mogu prikazivati tvoju otkupiteljsku žrtvu Ocu po tebi, s tobom i u tebi.

Jer ti si, Gospodine, u Euharistiji i svećenik i žrtva i oltar.

Vjerujem, Gospodine, da tvojom krvlju obnavljam svoj krsni savez s tobom, vjerujem da mi opraštaš, da me oslobađaš i ispunjaš Duhom Svetim.

Vjerujem, Gospodine, da nema veće ljubavi, da nema veličanstvenijeg čuda od Euharistije, u kojoj nam ti daruješ svoj život.

Hvala ti što znam da ćeš me u svakoj Misi pripremati kako bih, kao što kvalitetnija osoba, ušao u brak, te zasnovao obitelj.

Zagovor

Sveta Marijo, Sveti Josipe, molite za nas, molite za mene i za mog budućeg supružnika, molite za našu obitelj.

Sveti ... *(Nastavi s molitvom svecima kojima se utječeš.)*

Sveti apostoli Petre i Ivane, sveti Franjo Asiški, sveta Klaro, sveti Franjo Ksaverski, sveta Terezijo Avilska, sveta Mala Terezijo, sveti Padre Pio, sveti Leopolde Bogdane Mandiću, blaženi Alojzije Stepinče, svi sveti kojima sam se ikad molio pomozite mi ljubeći me pred Božjim prijestoljem.

(Sjeti se i drugih svetaca kojima se moliš.)

Pričesna meditacija

Gospodine Isuse, Jaganjče Božji, nisam dostojan da uniđeš pod moj krov, nisam dostojan da uniđeš u moju grešnu dušu, ali te ipak svim srcem molim da me ispuniš svojom prisutnošću.

Jer, Gospodine, kako ću sam po sebi postati dostojan?

Kako ću, Gospodine, sam zapaliti svjetlost u svojoj duši kad si ti Svjetlost, kad ti jedini možeš prosvijetliti moje tame, kad ti jedini možeš učiniti da srcem progledam, da srcem pročujem, da srcem razumijem – da se iskreno pokajem i primim Svjetlost?

Kako ću, Gospodine, sam zacijeliti rane koje mi ne daju da ti povjerujem i da ti predam svoju prošlost, sadašnjost i budućnost?

Kako ću, Gospodine, bez tebe, koji si jedini pravi Mir, umiriti svoju dušu?

Kako će, Gospodine, moja duša živjeti ako ti, koji si Život, ne prebivaš u njoj?

Kako će, Gospodine, moja duša učiti ljubiti ako u njoj ne prebiva Učitelj, ako u njoj ne prebiva Ljubav?

Gospodine, kako ću ti zahvaljivati, kako ću te slaviti, kako ću te blagoslivljati, ako moja duša ne okusi tvoju svetu prisutnost, ako ne iskusi tvoj sveti mir, ako ne kuša tvoju radost?

Uđi, Gospodine, kao moj otkupitelj i moj spasitelj, kao moj učitelj, i budi kralj moga srca.

Uđi, Isuse, reci Riječ i ozdravit će čitavo moje biće.

Uđi, Isuse, u mene, privuci me na svoj križ, uvuci me u svoje srce, jer ti želim predati svoje boli, jer ti želim predati svoje ranjeno srce.

Uđi, Isuse, u moje najdublje dubine, otkupi me i oslobodi od svake svezanosti i navezanosti na bilo koji grijeh.

Uđi, Isuse, i oslobodi me od bilo kakovog đavolskog utjecaja.

Uđi, Isuse, i nauči me ljubiti onako kako si nas ti ljubio.

Hvalim te, Isuse, slavim te i blagoslivljam.

Klanjam ti se i zahvaljujem ti radi tvoje velike slave i dobrote.

Jer ti si jedini svet.

Jer ti si jedini Gospodin.

Jer ti si jedini Svevišnji, Isuse Kriste.

Sa Svetim Duhom, u slavi Boga Oca.

Amen.

Za blagoslov začetog djeteta

Može li žena zaboraviti svoje dojenče? Ako ona i zaboravi, je tebe zaboravit neću.
(Pričesna pjesma, za obitel)j

(Započni znakom križa.)

Neka ova priprema bude u ime Oca i Sina i Duha Svetoga!

Amen!

Neka sa mnom bude tvoja milost, Gospodine Isuse Kriste, tvoja ljubav, Bože Oče, i tvoje pomazanje, Duše Sveti.

Nakana

Vječni Oče, prikazujem ti žrtvu tvoga preljubljenog sina, Isusa Krista, za dijete koje sam začeo tvojom milošću.

Molim te, otkupi ga od svakog negativnog djelovanja bilo kakvog zla.

Molim te, otkupi ga i očisti od svih negativnih nasljednih utjecaja.

Molim te, otkupi ga od svega što mu može ugroziti život, zdravlje, mir i radost.

Zahvala za život

Zahvaljujem ti, Gospodine, za dar života koji si podario mojem djetetu.

Znam da si ga/ju čudesno zamislio – na svoju sliku i priliku.

Zamislio si ga/ju da živi vječno.

Znam, Gospodine, da si mojem djetetu u dubinu duše utisnuo svoju ljubav spremnu na žrtvu, spremnu na opraštanje, blagoslivljanje i zahvaljivanje; spremnu na davanje i pomaganje.

Znam, Gospodine, da si mu/joj utisnuo ljubav koju u punini može iskusiti jedino u tebi.

Znam, Gospodine, da si ga/ju stvorio dobrog/dobru, punog/punu ljubavi i pravednosti.

Hvala ti, Gospodine, što si mi dao tako čudesno dobar dar.

Znam, Oče nebeski, da ćeš ga/ju u sakramentu krštenja s bezgraničnom ljubavlju priznati svojim posinjenim djetetom i pozvati ga da tvoju ljubav, dobrotu i pravednost tijekom svog života otkriva i živi uz pomoć Duha Svetoga.

Hvala ti, Gospodine, što si izabrao mene da mu budem otac.

Hvala ti što si I. izabrao da mu bude majka.

Hvala ti što si nam dao povjerenje da ovo dijete uđe u ovaj svijet preko nas i da ga mi, uz tvoju neizmjernu pomoć, pripremimo za ovozemaljski život i za život vječni.

Gospodine, znamo da ono ne pripada nama, nego tebi, jer je po tebi i za tebe stvoreno i začeto.

Daj nam da to nikad ne zaboravimo.

Hvala ti, Gospodine, što znam da si ga/ju stvorio iz ljubavi i za ljubav jer ti sâm jesi Ljubav.

Hvala ti što mi daješ spoznati da ga/ju ti ljubiš više nego što ću ga/je ja ikad moći ljubiti.

Hvala ti, Gospodine, što znam da si ga/ju stvorio za život, jer ti sâm jesi Život.

Hvala ti što znam da ti, i više od mene, želiš da dijete koje si mi povjerio živi puninu života.

Ti ćeš mu, Gospodine, darovati mnogo prilika u kojima će se moći, iz ljubavi, žrtvovati za druge.

Gospodine, vjerujem da ćeš mu/joj darovati mnoštvo dobrih trenutaka i dobrih darova i tako mu/joj davati mnoštvo prilika da ti zahvaljuje i da te slavi.

Gospodine, znam da ćeš dopustiti da se mnogo puta nađe u situacijama u kojima će trebati tvoju pomoć jer ćeš ga/ju i tako privlačiti k sebi.

Znam, Gospodine, da ćeš mu/joj dati mnogo prilika da te traži i nalazi, da provodi vrijeme u tvojoj prisutnosti i tako se puni tvojom milošću i mudrošću.

Hvala ti, Bože moj, za svaku milost koju će prihvatiti i živjeti.

Hvala ti za svako dobro djelo i za svaku žrtvu iz ljubavi koju će učiniti.

Hvala ti za svaku dobru riječ koju će izgovoriti.

Hvala ti za svaku dobru želju koju će nositi u srcu.

Hvala ti, Gospodine, za svaki trenutak koji će provesti s tobom i u tebi.

Hvala ti za svaku Svetu Misu koju će prikazati za sebe i za one koje ćeš mu stavljati na srce.

Hvala ti za svaku njegovu/njezinu ispovijed.

Hvala ti za svaku molitvu koju će izgovoriti srcem.

Hvala ti, Gospodine, za svaki plan koji imaš s njime/njome, u ovome životu i, još više, u vječnosti.

Hvala ti što ti, Oče nebeski, želiš da se u njegovu/njezinu životu dogodi tvoja volja, da se u njegovu/njezinu srcu nastani tvoje kraljevstvo, da mu/joj tvoje ime uvijek bude sveto.

Hvala ti, Gospodine, za svaki trenutak koji ćemo moći provesti s njime/njome.

Ti ga/ju, Oče, želiš hraniti svojim kruhom i svojom riječju i davati mu/joj milost da svima može i hoće opraštati kako bi i ti njemu/njoj mogao oprostiti.

Ti ga/ju, Gospodine, želiš i možeš čuvati od Zloga na svim putovima, u svim napastima kojima će biti izložen/a.

Hvala ti, Gospodine, što želiš da njegova/njezina radost bude što veća.

Hvala ti što mu/joj želiš pomoći da stekne što više nepropadljiva blaga za vječni život, jer želiš da ti u vječnosti bude što bliže.

I ja, Oče sveti, želim da sve tako bude.

Amen.

Molitva

Gospodine, ti nama ljudima nudiš svoje obilje života, nudiš nam samoga sebe, a mi prečesto biramo svoje verzije obilja života i svoje idole koje stavljamo ispred tebe i bližnjih.

Tako umjesto punine života biramo ispraznost; umjesto tvoje riječi biramo puste tlapnje.

Gospodine, unatoč svemu što nas učiš i što nam daješ, često smo ti nezahvalni i padamo u grijeh.

Često pokušavamo opravdavati svoje grijehe, često naše kajanje nije iskreno.

Gospodine, često u srcu ne razumijemo ni tvoju pravednost ni tvoje milosrđe i zato nam se događa da ne možemo, ili čak ne želimo, opraštati onima koji nas svojim grijesima povrijede.

Gospodine, mnogi od nas ne uspijevaju se promijeniti onako kako bi htjeli jer ne znaju da si ti onaj koji daješ novo srce – kad smo s tobom i u tebi.

Gospodine, bez tebe, bez tvog oproštenja nitko se od nas ne može spasiti.

Zato ti, hvala, Oče, što si dao svojeg Jedinorođenog Sina Isusa Krista da ni jedan koji u njega vjeruje ne propadne, već da ima život vječni.

Gospodine, molim te, podari djetetu koje si mi povjerio da mu budem otac, dar žive vjere i povjerenja u tebe.

Podari mu milost da te može i hoće razumom i srcem upoznati i prihvatiti kao svojeg stvoritelja, otkupitelja i spasitelja.

Podari mu milost da te može i hoće prihvatiti kao svojeg učitelja, tješitelja i branitelja.

Podari mu, Gospodine, obilje svojeg Duha, da može neprestano rasti u mudrosti i milosti pred tobom i pred ljudima.

Gospodine, molim te, podari mu milost da se, tijekom cijelog svojeg života, može i hoće pouzdavati u tvoju ljubav i dobrotu.

Gospodine, molim te, podari mu milost da uvijek teži s tvojom pomoći činiti dobro i izbjegavati zlo.

Gospodine, molim te, daj mu milost da nikome ne sudi, da nikoga ne kleveće i da nikoga ne ogovara.

Molim te, podari mu milost da uvijek može i uvijek želi tvojom ljubavlju praštati i moliti za svoje neprijatelje.

Gospodine, iz sveg te srca molim, neka dijete koje si mi povjerio bude sveto, neka bude na radost tebi i nama kojima si ga povjerio.

Gospodine, molim te, neka doživi puninu godina koje si mu odredio.

Amen.

Euharistija

Gospodine Isuse, ti si ustanovio sakrament Euharistije kako bismo uvijek iznova mogli plodonosno sudjelovati u tvojoj žrtvi i kako bismo iz nje mogli crpsti plodove otkupljenja, plodove tvoje ljubavi i milosrđa.

Hvala ti što u Euharistiji dolaziš kao pravi Bog i pravi čovjek, sa svojom božanskom i ljudskom ljubavlju, kako bismo i mi, poput bolesnika, patnika i grešnika iz evanđelja, mogli doći k tebi i kako bismo mogli primiti tvoju milost.

Ti si nas, Isuse, otkupio od kazne za grijehe, ti si otkupio našu palu narav zarobljenu u sebičnost i podložnu grijehu.

Tvoja je žrtva savršena, a od nas ljudi očekuješ da je prinosimo Ocu za sebe i za druge.

Gospodine, čvrsto vjerujem da ću u Euharistiji blagovati tvoje tijelo i tvoju krv, blagovati tebe, žrtvenog Jaganjca koji si bio ubijen za nas. Vjerujem, Gospodine, da ću tako stvarno sudjelovati u tvojoj otkupiteljskoj žrtvi, prikazujući je Ocu za svoje potrebe i za potrebe drugih..

Vjerujem da ti, Isuse, ulaziš u mene sa svojom božanskom i ljudskom ljubavlju.

I ja, Gospodine, želim ući u tebe, sa svom svojom ljudskom bijedom.

Vjerujem, Gospodine, da ulaziš u mene kako bi i ja mogao ući u tebe i kako bi mi svojom milošću ispunio srce pouzdanjem u tvoje neizmjerno milosrđe, kako bi me ispunio svojom ljubavlju i kako bi, zajedno sa mnom, prikazao svoju žrtvu Ocu za dijete koje si mi podario.

Gospodine, Jaganjče žrtvovani, nauči me ljubiti dijete koje si mi podario, onako kako je tebe ljubila tvoja majka Marija i kako te je ljubio tvoj poočim Josip.

Molitva za pomoć

Duše Sveti, molim te da me vodiš kroz Svetu Misu.

Neka moje misli budu, tvojom milošću, usklađene s mojim riječima.

Hvala ti, Duše Sveti, što mi pomažeš jer bez tvoje milosti ne znam moliti kako treba, ne znam ljubiti, bez tvoje milosti ne mogu vjerovati srcem.

Anđelu moj, čuvaj moje misli za vrijeme Svete Mise kako bi bile s Bogom i u Bogu.

Anđele, čuvaru sveti, čuvaj moje dijete od svake opasnosti.

Marijo i Sveti Josipe, pomozite nam.

Ti si, Marijo, milošću Božjom postala majkom svih onih koji te žele za majku.

Ti si, Sveti Josipe, uvijek spreman biti poočim svakome tko želi tvoju očinsku pomoć.

Marijo, Josipe, predajem vam ovo svoje čedo da raste u vašoj majčinskoj i očinskoj brizi, da ga/ju svojom pomoću uvijek iznova privlačite Gospodinu i da ga/ju štitite od svakoga zla i grijeha i od svake opasnosti koja bi mogla ugroziti njegov/njezin život.

Sveti apostoli Petre i Ivane, sveti Franjo Asiški, sveta Klaro, sveti Franjo Ksaverski, sveta Terezijo Avilska, sveta Mala Terezijo, sveti Padre Pio, sveti Leopolde Bogdane Mandiću, blaženi Alojzije Stepinče, svi sveti kojima sam se ikad molio pomozite mi moleći za moje dijete pred Božjim prijestoljem.

(Sjeti se i drugih svetaca kojima se moliš.)

Duše u Čistilištu, molite za mene kako bih u svetoj misnoj žrtvi sudjelovao sa što većim žarom.

Ja ću za vas moliti Gospodina svjestan da ću možda i ja jednog dana vapiti iz Čistilišta.

Ja ću za vas prikazivati Svetu Misu, a vas molim da molite za ovo moje čedo da bude sveto pred Bogom i ljudima.

Pričesna meditacija

Gospodine Isuse, Jaganjče Božji, nisam dostojan da uniđeš pod moj krov, nisam dostojan da uniđeš u moju dušu, ali te ipak svim srcem molim da me ispuniš svojom prisutnošću.

Jer, Gospodine, kako ću sam po sebi postati dostojan?

Kako ću, Gospodine, sam zapaliti svjetlost u svojoj duši kad si ti Svjetlost, kad ti jedini možeš prosvijetliti moje tame, kad ti jedini možeš učiniti da srcem progledam, da srcem pročujem, da srcem razumijem, da se iskreno pokajem i primim tebe –Svjetlost?

Kako ću, Gospodine, sam zacijeliti rane koje mi ne daju da ti povjerujem svim srcem i da ti predam svoju prošlost, sadašnjost i budućnost, da ti u potpunom povjerenju predam svoje dijete?

Kako ću, Gospodine, bez tebe, koji si jedini pravi Mir, umiriti svoju dušu?

Gospodine, kako će moja duša živjeti ako ti, koji si Život, ne prebivaš u njoj?

Gospodine, kako će moja duša učiti ljubiti ako u njoj ne prebiva Učitelj, ako u njoj ne prebiva Ljubav?

Gospodine, kako ću ti zahvaljivati, kako ću te slaviti, kako ću te blagoslivljati, ako moja duša ne okusi tvoju svetu prisutnost, ako ne iskusi tvoj sveti mir, ako ne kuša tvoju radost, ako ne kuša tvoje otkupljenje i iscjeljenje?

Uđi, Gospodine, kao moj otkupitelj i moj spasitelj, uđi i budi kralj moga srca.

Uđi, Gospodine, i blagoslovi dijete koje sam primio po tvojoj milosti.

Uđi, Isuse u mene, privuci me na svoj križ, uvuci me u svoje srce, jer ti želim predati svoj život i život svojeg djeteta.

Uđi, Isuse, i nauči nas ljubiti onako kako si nas ti ljubio.

Amen.

Hvalim te, moj Bože, slavim te i blagoslivljam.

Klanjam ti se i zahvaljujem ti radi tvoje velike dobrote.

Jer ti si jedini svet.

Ti si jedini Gospodin.

Ti si jedini Svevišnji, Isuse Kriste.

Sa Svetim Duhom, u slavi Boga Oca.

Amen.

Nadoknada štete, pokora

Gospodine, smiluj nam se po muci svoga Sina. Djelima to ne zaslužujemo: ali se uzdamo u tvoje milosrđe i jedinstvenu žrtvu Isusa Krista. Koji s tobom.
(Darovna, Cvjetnica)

(Mnoge smo ljude ranili svojim mislima, riječima, djelima i propuštanjem činjenja dobroga. Neke smo ljude svjesno ili nesvjesno potaknuli na grijeh, a s nekima smo zajedno griješili. Iskreno kajanje, ispovijed i, neizostavno, iskrena pokora, mnogo toga mogu okrenuti na dobro.)

(Započni znakom križa.)

Neka ova priprema bude u ime Oca i Sina i Duha Svetoga!

Neka sa mnom bude tvoja milost, Gospodine Isuse Kriste, tvoja ljubav, Bože Oče, i tvoje zajedništvo, Duše Sveti.

Nakana

Vječni Oče, prikazujem ti žrtvu tvoga preljubljenog Sina, Gospodina našega Isusa Krista za one koje sam ranio svojim grijesima, za one s kojima sam zajedno griješio i za one koje sam svjesno ili nesvjesno poticao na grijeh.

Zahvala

Gospodine Isuse Kriste, zahvaljujem ti što si nas svojom mukom i svojom smrću otkupio od grijeha i od njegovih posljedica.

Zahvaljujem ti što si na sebe uzeo naše boli i ponio naše bolesti.

Zahvaljujem ti što si nas svojim ranama iscijelio.

Hvala ti, Gospodine, što ti uzimaš na sebe svaki grijeh, što opraštaš svaki grijeh koji ti predamo u pokajanju, s pouzdanjem u tvoje milosrđe.

Hvala ti, Gospodine, što nas otkupljuješ, što na sebe uzimaš svaku bol koju ti predamo s pouzdanjem u tvoju ljubav.

Hvala ti, Isuse, što svojim ranama iscjeljuješ svaku ranu našeg srca koju ti predamo s povjerenjem u tvoju dobrotu.

Hvala ti, Bože naš, što nas neprestano privlačiš k sebi, što želiš da dolazimo k tebi svaki put kad smo napastovani na zlo, svaki put kad smo umorni i opterećeni, svaki put kad smo ranjeni, i svaki put kad uvidimo da smo svojim grijesima uvrijedili tebe i svoje bližnje.

Hvala ti, Gospodine, jer se jedino u tvojoj prisutnosti možemo oduprijeti grijehu, jedino se u tvojoj prisutnosti možemo iskreno kajati i jedino u tvojoj prisutnosti možemo s pouzdanjem primiti tvoje oproštenje.

Hvala ti, Gospodine, jer jedino u tvojoj prisutnosti možemo iskreno i s vjerom moliti za one koje smo ranili, jedino se u tvojoj prisutnosti možemo pouzdati u tvoju dobrotu kojom možeš iscijeliti srca onih koje smo ranili i kojom im možeš nadoknaditi ono u čemu smo ih oštetili ili zakinuli.

Hvala ti, Gospodine, jer jedino u tvojoj prisutnosti možemo iskreno, srcem oprostiti onima koji su nas ranili svojim grijesima.

Hvala ti, Isuse, jer ti jedini možeš našim dušama dati pravi mir i pravu radost.

Molitva

Gospodine, danas ti pred tvoj križ stavljam one koje sam ranio svojim mislima, riječima, djelima i propustom.

(Uzmi si dovoljno vremena, ispitaj svoju savjest i, uzdajući se u pomoć Duha Svetoga, donesi Isusu osobe koje si ranio svojim grijesima.)

Ti im, Gospodine, nadoknadi.

Privuci ih k sebi, odmori ih, uzmi njihove boli i iscijeli njihove rane.

Gospodine Isuse, spasitelju i otkupitelju naš, donosim ti i sve one s kojima sam sagriješio, a naročito one koje sam na bilo koji način potaknuo na grijeh.

(Uzmi si dovoljno vremena, ispitaj svoju savjest i, uzdajući se u pomoć Duha Svetoga, donesi Isusu osobe s kojima si griješio i osobe koje si na bilo koji način potaknuo na grijeh.)

Molim te, Gospodine, oprosti nam i iscijeli nam rane.

Molim te, snažno nas privuci k sebi, k svojoj ljubavi na križu.

Daj mi, Gospodine, milost da često molim, da često prikazujem tvoju žrtvu Ocu za one koje sam ranio svojim grijesima.

Daj mi, Gospodine, milost da često molim, da često prikazujem tvoju žrtvu Ocu za one s kojima sam zajedno griješio i za one koje sam svjesno ili nesvjesno poticao na grijeh.

Zapali, Gospodine, ljubav u mojem srcu za sve njih.

Daj mi da tu ljubav mogu, tvojom milošću, očitovati prikazujući svoje žrtve za njihovo otkupljenje, za njihovo iscjeljenje, za njihovo obraćenje i posvećenje.

Ti, Gospodine, u svojoj ljubavi, okreni zlo u njihovo vječno dobro.

(Još se jednom sjeti nekih od tih osoba i tako ih donesi pred Gospodina.)

Izricanje vjere

Gospodine, vjerujem da ću na Svetoj Misi slušati tvoju riječ, vjerujem da ćeš mi progovoriti, vjerujem da ćeš me poučiti, da ćeš me utješiti i ohrabriti; vjerujem da ćeš prosvijetliti moju savjest.

Gospodine, vjerujem da ćeš me čitavu Misu privlačiti k sebi.

Vjerujem da želiš da moje misli i moje srce tijekom Svete Mise budu usmjereni na tebe; vjerujem da želiš da čitavim svojim bićem uranjam u tebe.

Moj Isuse, vjerujem da želiš da iskusim tvoj mir, tvoju dobrotu, tvoju blizinu, tvoju brigu; vjerujem da želiš da na Svetoj Misi uživam tvoju svetu prisutnost.

Gospodine, Isuse Kriste, moj spasitelju i otkupitelju, čvrsto vjerujem da ću u pričesti blagovati tvoje tijelo i tvoju krv, blagovati tebe, žrtvenog Jaganjca koji si bio ubijen za nas.

Vjerujem, Gospodine, da ću tako stvarno sudjelovati u tvojoj otkupiteljskoj žrtvi, prikazujući je Ocu za svoje potrebe i za potrebe drugih.

Vjerujem da ti, Isuse, pričešću ulaziš u mene kao pravi Bog i pravi čovjek, sa svojom božanskom i ljudskom ljubavlju.

I ja, Gospodine, želim ući u tebe, sa svom svojom ljudskom bijedom.

Vjerujem da je pričest, po kojoj si ti u meni i ja u tebi, izvor i središte mojeg života.

Želim ti, Gospodine, u tim trenucima posvetiti svu svoju pažnju, želim te ljubiti čitavim svojim bićem, želim se potpuno predati tvojoj dobroti i ljubavi.

Želim te, Gospodine, zagrliti na tvojem križu i predati ti sve one za koje Ocu prikazujem tvoju žrtvu.

(Ponovno se sjeti nekih od njih.)

Želim, Isuse, ljubeći te u tim trenucima, učiti ljubiti svoje bližnje.

Bože moj, želim ti i zahvaljivati, želim te hvaliti i slaviti. Želim se radovati što ti sve okrećeš na dobro onima koji te ljube.

Gospodine, želim uživati tvoju prisutnost.

Blagoslivljam te, Gospodine, blagoslivljam tvoju milost koju ću kušati u Misama u kojima ću Ocu prikazivati sve te osobe do kojih mi je, tvojom milošću, zaista stalo.

Hvala ti što me u svakoj Misi mijenjaš, hvala ti što mi umnažaš vjeru da mogu moliti sa stvarnim pouzdanjem u tvoje uslišanje, hvala ti što mi jačaš ufanje u tvoju dobrotu, hvala ti što me učiš ljubiti onako kako si nas ti ljubio.

Zagovor

Sveta Marijo, Majko Božja, Kraljice mira, moli za mene, koji prikazujem, i za sve one koje sam ranio svojim grijesima.

Ti si, Marijo, najdublje povezana s Isusovom mukom i smrću: ti si stajala pod njegovim križem, ti si mu bila utjeha i snaga u njegovim najtežim trenucima, ti si iskusila svu dubinu boli koja je drugim ljudima ostala sakrivena.

Tebi je, Marijo, mač boli probio srce, kako bi nama slabima i grešnima mogla pomoći da otkrijemo stvarne namisli svojih srca, da otkrijemo stvarne motive po kojima živimo, da se pokajemo i da živimo.

Ti si, Marijo, znala da Isus, umirući na križu uzima na sebe naše boli i bolesti srca, duše i tijela; znala si da njegove rane iscjeljuju našu ranjenost i povrijeđenost; znala si da on na sebe prima kaznu radi naših grijeha i naših opačina.

Ti si, Sveta Marijo, vidjela i iskusila Isusovu bol zbog onih za koje je njegova žrtva bila uzaludna, koji će trpjeti jer neće povjerovati i neće mu predati svoje grijehe, boli i bolesti.

Zato, Marijo, ne mogu Ocu prikazivati žrtvu tvoga Sina, a da istovremeno ne prikažem tvoju žrtvu, da ne prikažem žrtve svih onih koji kroz stoljeća sjedinjuju svoje trpljenje s trpljenjem tvoga Sina i da ne prikažem svoje trpljenje, koliko god ono bilo neznatno..

Sveta Marijo, Majko Božja i majko moja, izmoli svima onima koje sam povrijedio milost da se mogu potpuno predati u Isusovo milosrđe i primiti puninu njegova otkupljenja kako bi Isusova, tvoja, njihova i moja radost bile potpune.

Sveta Marijo, Majko Božja, prinesi svojem umirućem Sinu, osobe za čije otkupljenje prikazujem njegovu žrtvu Ocu.

Neka tvoja ljubav, Marijo, dopre do onih dijelova njihovih duša koji se neće moći oduprijeti tvojoj majčinskoj ljubavi.

Neka ih tvoja ljubav, Marijo, privuče tvojem Sinu Isusu kako bi mogli povjerovati u njegovo milosrđe, zazvati njegovo ime i u potpunom mu povjerenju predati svoje boli, a posebno one koje sam ja prouzrokovao.

Izmoli mi, Marijo, milost da i ja, sve dublje i dublje, spoznajem smisao prikazivanja vlastitih odricanja i trpljenja kako bih, sa što više vjere i što većom ljubavlju, mogao prikazivati Isusovu žrtvu za duše koje su potrebne milosti otkupljenja.

Sveti Josipe, miljeniče Božji, moli za nas.

Sveta Marijo, sveti Josipe, molite za nas grešnike, molite za mene i za one koje sam svojim grijesima ranio, za one s kojima sam zajedno griješio i za one koje sam svjesno ili nesvjesno poticao na grijeh.

Sveti ... molite za nas.

(Nastavi s molitvom svecima kojima se utječeš.)

Pričesna meditacija

Gospodine Isuse, Jaganjče Božji, nismo dostojni da uniđeš u naše dušu, ali te ipak svim srcem molim da nas ispuniš svojom prisutnošću.

Jer, Gospodine, kako ćemo sami po sebi postati dostojni?

Kako ćemo, Gospodine, sami zapaliti svjetlost u svojoj duši kad si ti Svjetlost, kad ti jedini možeš prosvijetliti naše tame, kad ti jedini možeš učiniti da srcem progledamo, da srcem pročujemo, da srcem razumijemo – da se iskreno pokajemo i primimo Svjetlost?

Kako ćemo, Gospodine, bez tvoje milosti praštati, kako

ćemo se iskreno kajati, kako ćemo s vjerom moliti, kako ćemo se mijenjati?

Kako ćemo, Gospodine, bez tebe, koji si jedini pravi Mir, umiriti svoju dušu?

Kako će, Gospodine, naše duše živjeti ako ti, koji si Život, ne prebivaš u nama?

Kako će, Gospodine, naše duše učiti ljubiti ako u njima ne prebiva Učitelj, ako u njima ne prebiva Ljubav?

Gospodine, kako ćemo ti zahvaljivati, kako ćemo te slaviti, kako ćemo te blagoslivljati, ako naše duše ne okuse tvoju svetu prisutnost, ako ne iskuse tvoj sveti mir, ako ne kušaju tvoju radost?

Uđi, Gospodine, u naša srca kao naš otkupitelj i naš spasitelj, kao naš učitelj, i budi kralj naših srca.

Uđi, Isuse, reci Riječ i ozdravit će čitavo naše biće.

Uđi, Isuse u sve nas za koje prikazujem tvoju žrtvu Ocu, privuci nas na svoj križ, uvuci nas u svoje srce, jer ti želimo predati svoje boli, jer ti želimo predati svoja ranjena srca.

Uđi, Isuse, i nauči nas ljubiti onako kako si nas ti ljubio.

Uđi, Isuse, u moje srce jer želim s tobom, s tvojom ljubavlju moliti Oca da se smiluje svima onima koje prinosim u ovoj Svetoj Misi.

Amen.

O autoru

Josip Lončar je upravitelj Zaklade za promicanje kršćanskih vrednota *Kristofori*, te glavni urednik časopisa **Book**. Dugogodišnji je član ACCSE-a, Udruženja koordinatora katoličkih škola evangelizacije. Više je godina bio službeni promotor ICCRS-a, Međunarodne službe Katoličke karizmatske obnove iz Vatikana. Tijekom gotovo tri desetljeća djelovanja održao je duhovne obnove u preko 300 župa u Hrvatskoj i inozemstvu.

Autor je sljedećih naslova:

Karizma vjere, Bakina krunica, Sila odozgor, Kako povjerovati, Škola molitve (1, 2, 3), Želim da živiš, Sveta Misa. Najsvetiji događaj na svijetu.

Lončar je i autor dokumentarnog filma *Zašto Međugorje?*

9 798224 711741